社会关系影响下的流动人口心理健康

肖 扬 苗丝雨 著

图书在版编目(CIP)数据

社会关系影响下的流动人口心理健康 / 肖扬,苗丝雨著. —上海:同济大学出版社,2020.6
 ISBN 978-7-5608-8911-5

Ⅰ.①社… Ⅱ.①肖… ②苗… Ⅲ.①城市人口-流动人口-心理健康-研究-中国 Ⅳ.①C924.24

中国版本图书馆CIP数据核字(2019)第290432号

社会关系影响下的流动人口心理健康
肖　扬　苗丝雨　著
责任编辑　胡晗欣　　**责任校对**　徐春莲　　**封面设计**　陈益平

出版发行	同济大学出版社　　www.tongjipress.com.cn	
	(地址:上海市四平路1239号　邮编:200092　电话:021-65985622)	
经　　销	全国各地新华书店	
排　　版	南京文脉图文设计制作有限公司	
印　　刷	常熟市华顺印刷有限公司	
开　　本	710 mm×1000 mm　1/16	
印　　张	8.25	
字　　数	165 000	
版　　次	2020年6月第1版　2020年6月第1次印刷	
书　　号	ISBN 978-7-5608-8911-5	

定　　价　42.00元

本书若有印装质量问题,请向本社发行部调换　　版权所有　侵权必究

前　言

改革开放 40 余年来,中国城镇化无论是规模还是速度都是世所罕见的。但伴随着中国城镇化率的不断提升,一些社会问题和心理健康问题也逐渐浮现。为了维护社会公平公正和提高全民健康水平,中国新型城镇化不仅关注城镇化的效率,更关注城镇化的质量。流动人口作为城镇化的必然结果和中国经济增长的重要动力,其数量的众多和其脆弱性使得流动人口的健康问题关系到整个社会的稳定发展和城乡健康发展。但已有数据显示,随着城镇化率的不断提升,中国居民精神疾病患病率也不断增加,而流动人口的心理健康水平更是明显差于本地居民。

因此,本书从流动人口心理健康角度来衡量城镇化质量,并进一步探究流动人口在流入地"市民化"的不同阶段融入社会有关因素对其心理健康的影响作用。具体而言,流动人口在流入地的社会关系变化主要经历三个阶段:首先,是原有社会联系的破碎以及新社会联系的重建;其次,随着流动人口逐渐接触流入地的社会文化,文化适应问题逐渐产生;最后,流动人口实现在流入地的社会融合。为了检验社会联系、文化适应和社会融合对流动人口心理健康的影响作用,本书采用全国八个市区的流动人口的大样本数据,运用分层回归模型和结构方程模型等定量分析方法探究流动人口的社会联系、文化适应和社会融合对其心理健康的影响作用。

研究结果发现,流动人口的融入社会有关因素对其心理健康有着显著的影响作用,本地联系越多、对流入地主流文化接受度越高和在流入地社会融合越好的流动人口有着更优的心理健康水平。此外,流动人口存在区域空间上的心理健康问题,来自中西部的流动人口有着显著更差的心理健康水平,但良好的社会关系可以有效缓解远距离流动带来的消极心理健康影响作用。

在此基础上,本书从区域、城市、社区、住房四个空间层级提出提升流动人口心理健康水平的政策建议。首先,在区域和城市空间层级,通过促进流动人口在流入地建立良好的社会联系和文化适应状态来改善流动人口心理健康的区域差异;其次,在社区空间层级,关注流动人口居住的社区环境对其心理健康的影响作用,尤其是农村社区;最后,在住房层级,关注社区的多种住房类型和邻里构成多样性对流动人口心理健康的影响作用。

本书适用于城乡规划研究者以及致力于促进城市规划高品质发展的读者们。本书数据主要来自2014年全国流动人口卫生计生动态监测调查数据,特此表示感谢。

本研究由国家社科基金面上项目(19BSH035):《社区凝聚力对流动人口心理健康的影响机制与对策研究》资助完成。

肖　扬

2020 年 3 月

目 录

前言

第 1 章　绪论　/ 1

  1.1　研究背景　/ 1

  1.2　研究意义与目的　/ 4

  1.3　研究内容　/ 5

    1.3.1　流动人口空间流动特征研究　/ 5

    1.3.2　流动人口个人社会经济和流动特征研究　/ 5

    1.3.3　流动人口心理健康特征研究　/ 5

    1.3.4　流动人口融入社会有关因素研究　/ 5

    1.3.5　流动人口融入社会有关因素对心理健康影响作用研究　/ 6

    1.3.6　提升流动人口心理健康的空间发展政策　/ 6

  1.4　研究框架　/ 6

    1.4.1　研究思路　/ 6

    1.4.2　技术路线　/ 7

    1.4.3　数据来源　/ 8

    1.4.4　研究方法　/ 8

  1.5　章节安排　/ 11

第 2 章　国内外文献综述　/ 12

  2.1　流动人口的社会联系与心理健康　/ 12

    2.1.1　社会联系的内涵　/ 12

  2.1.2 社会联系对心理健康的影响作用 / 14
 2.2 **流动人口的文化适应与心理健康** / 17
  2.2.1 文化适应的内涵 / 17
  2.2.2 文化适应对心理健康的影响作用 / 19
 2.3 **流动人口的社会融合与心理健康** / 22
  2.3.1 社会融合的内涵 / 22
  2.3.2 社会融合对心理健康的影响作用 / 24
 2.4 **小结** / 26

第3章 实证研究框架构建 / 28

 3.1 **理论研究框架构建** / 28
 3.2 **实证研究总体设计** / 28
 3.3 **流动人口概念界定和描述性统计** / 31
  3.3.1 流动人口概念界定 / 31
  3.3.2 流动人口特征描述性统计 / 31
 3.4 **心理健康概念界定、测量与描述性统计分析** / 38
  3.4.1 心理健康概念界定 / 38
  3.4.2 心理健康测量方法 / 38
  3.4.3 流动人口心理健康描述性统计分析 / 40

第4章 不同空间层级上流动人口心理健康现状分析 / 41

 4.1 **流出地和流入地角度下流动人口心理健康状况分析** / 41
  4.1.1 不同流出地流动人口的心理健康状况分析 / 41
  4.1.2 不同流入地流动人口的心理健康状况分析 / 42
  4.1.3 流动人口本次流动范围与心理健康交叉分析 / 45
 4.2 **流动人口工作地点类型与流动人口心理健康状况分析** / 46
 4.3 **流动人口居住地点特征与心理健康状况分析** / 48
  4.3.1 社区类型与心理健康状况分析 / 48

4.3.2　住房类型与心理健康状况分析　　/ 49

　　4.3.3　社区和住房类型与心理健康状况交叉分析　　/ 51

4.4　小结　　/ 54

第5章　探究流动人口的社会联系对心理健康的影响作用　　/ 55

5.1　研究设计　　/ 55

5.2　研究假设　　/ 56

5.3　社会联系的测量方法　　/ 56

5.4　实证模型　　/ 58

5.5　模型结果分析与讨论　　/ 59

5.6　小结　　/ 63

第6章　探究流动人口的文化适应对心理健康的影响作用　　/ 65

6.1　研究设计　　/ 65

6.2　研究假设　　/ 65

6.3　文化适应的测量方法　　/ 66

6.4　实证模型　　/ 69

　　6.4.1　聚类分析　　/ 69

　　6.4.2　分层回归模型　　/ 70

6.5　模型结果分析与讨论　　/ 71

　　6.5.1　聚类结果分析　　/ 71

　　6.5.2　分层回归模型结果分析　　/ 75

6.6　小结　　/ 79

第7章　探究流动人口的社会融合对心理健康的影响作用　　/ 81

7.1　研究设计　　/ 81

7.2　研究假设　　/ 82

7.3　社会融合的测量方法　　/ 82

7.4 中介变量的测量方法　　/ 87
7.5 实证模型　　/ 88
7.6 模型结果分析与讨论　　/ 91
7.7 小结　　/ 97

第 8 章　研究结论及空间规划发展启示　　/ 99

8.1 研究结论　　/ 99
8.2 空间规划发展启示和政策建议　　/ 100
8.3 研究不足与展望　　/ 103
    8.3.1　研究不足　　/ 103
    8.3.2　研究展望　　/ 104

参考文献　　/ 105

第1章 绪 论

1.1 研究背景

改革开放40余年来,中国正在以前所未有的速度、深度和广度推动城镇化进程,取得的成就举世瞩目。中国的城镇化率从1978年的17.92%上升到2019年年底的60.60%,其中户籍人口城镇化率达到44.38%,比2012年年末提高约8.0个百分点(图1-1)。西方学界普遍认为,成就"中国奇迹"的核心因素之一就是流动人口的迁移,截至2017年,流动人口规模达到了2.44亿(图1-2)。联合国开发计划署报告指出,中国未来20年内将有3亿人成为新的城市居民,中国城市人口将达到10亿(Chatterjee,2011)。届时地球上每8个城市居民,就有1个住在中国的城市里。如此大规模的人口流动将进一步挑战现有城市管理体制,中国城镇化的可持续健康发展将再次成为世界关注的焦点。中国流动人

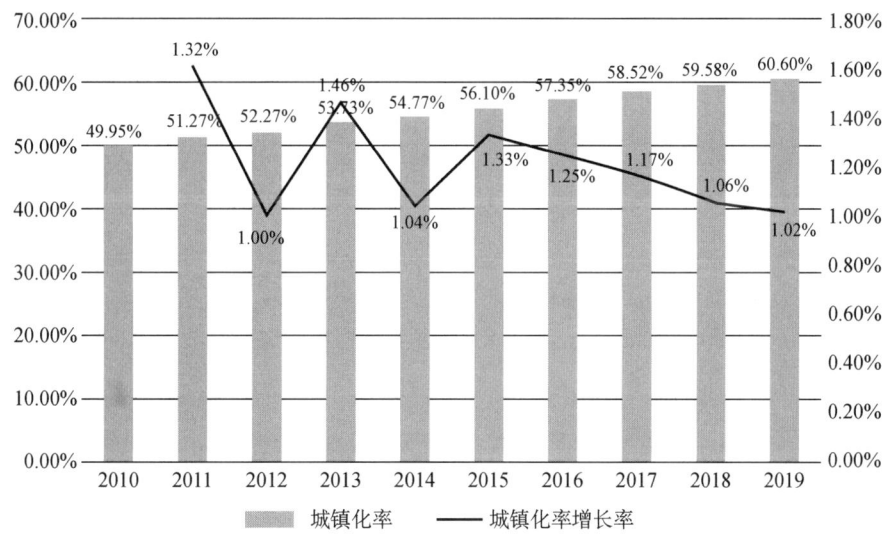

图1-1 中国城镇化率变化

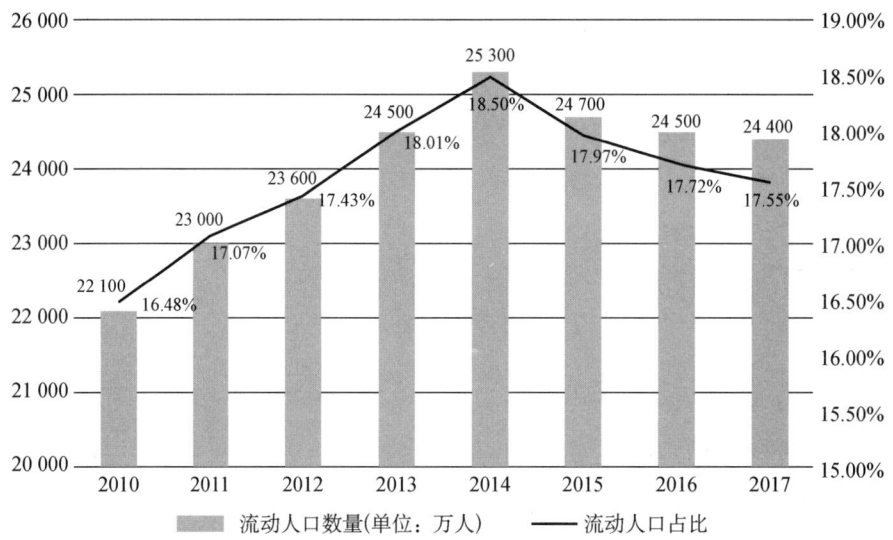

图 1-2　中国流动人口数量变化

口的总量、流向、结构以及诉求正在发生重大变化,党和国家高度重视流动人口社会融合问题,明确需要按照人口流动的规律和意愿,对城镇化战略进行调整。《国家新型城镇化规划(2014—2020年)》指出,要加强流动人口的管理和服务,积极稳妥地推进健康城镇化,统筹人口和土地的关系,为流动人口迁徙创造良好的政策和环境。2014年政府工作会议强调,新型城镇化建设着力点就是解决"三个1亿人问题"。而《国家人口发展规划(2016—2030年)》《"十三五"卫生与健康规划》《推动1亿非户籍人口在城市落户方案》等文件高度重视城镇化向市民化的转变,提倡城乡一体的健康发展。党的十九大报告明确提出"加快农业转移人口市民化"的任务要求,习近平总书记从全面建成小康社会、加快建设社会主义现代化的角度多次强调,要推进以人为核心的新型城镇化。事实上,城镇化在带给人们政治、文化、经济、医疗和教育等机会的同时,会对居民的健康产生负面影响(Black, Krishnakumar, 1998)。城镇化程度越高的地区,人们的精神类疾病越常见和更趋复杂(Peen et al., 2007)。Peen对由低到高的五种程度的城镇化类型进行分析,发现人们在城镇化水平最高的城市中比在城镇化水平最低的城市中,其精神疾病发病率要高77%(Peen et al., 2007)。进入全球经济社会变迁的新时代,精神疾病已成为仅次于心脏病、癌症的全球第三大疾病。美国有超过4 400万的成年人(18%)患有精神疾病;英格兰16~64岁的人口中,平均每 6 人中就有 1 位精神疾病患者。据统计,2017 年中国有约 5 400 万人患有抑郁症,约占全国总人口的 3.9%。医学权威杂志《柳叶刀》报道,2012 年中国约有 1.73 亿人患有精神疾病,其中只有 1 500 万人寻求治疗,而中国流动人口群体的心理健康问题尤为突出(图 1-3)。

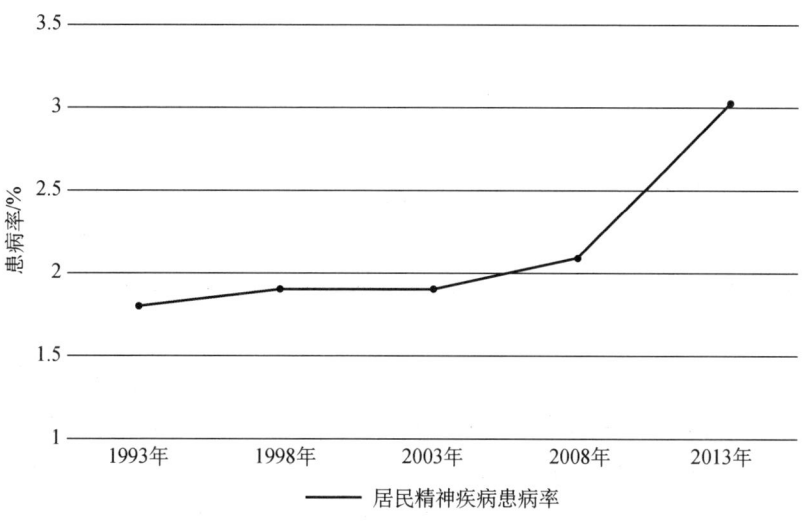

图 1-3　中国居民精神疾病患病率统计

2019 年《流动人口社会融合蓝皮书》评估表明,50 座城市流动人口社会融合总体水平不高,不同融合维度之间差异明显。其中公共服务融合表现相对较好,流动人口的心里文化融合程度总体偏低,流动人口社会融合工作距理想状态依然存在很大差距。一方面,流动人口进入流入地后即面临适应、融入的问题:个体之间、群体之间、文化之间存在相互竞争、相互冲突。另一方面,他们在面对新的城市生活时,以往熟悉的社会文脉和支持会被新生活所取代,定居、就业等困难以及来自家庭和亲属的压力更是会带给他们极大的心理负担(McKenzie,2008),并产生焦虑、绝望、紧张、不自信、失去控制等心理疾病(Bhugra,2004)。由于流入地和流出地在经济结构、社会、文化、行为和生活方式等方面的差异,流动人口往往难以融入城市当地社会,成为"常驻的"外来人。社会融合不仅有对物质的追求,而且还有更高层次的精神需求。进入城镇化中后期,流动人口流入后的健康状态和长居意愿是城镇化可持续发展的关键,而心理健康已成为流动人口文化适应和市民化的重要研究视角和评价标准。未来中国将致力于城镇化的高品质发展,因此中国流动人口的迁移流动和社会融合已成为国家新型城镇化健康可持续发展、空间规划和社会治理的重要课题。

1.2 研究意义与目的

在实际意义方面,中央城镇化工作会议提出新型城镇化应该在保持城镇化发展水平的同时提升城镇化发展的质量。但如何衡量城镇化的质量存在一定难度,已有研究大多从经济发展、城镇体系格局、生态资源利用、公共服务均等方面来衡量(张引,杨庆媛,李闯,等,2015;吕丹,叶萌,杨琼,2014),本书拟从流动人口心理健康的角度,提供衡量城镇化质量的新方法,从而促进城镇化的高品质发展。

在理论意义方面,首先,虽然西方学者对移民的心理健康已有丰富研究,但他们的研究主要关注跨国移民,而中国流动人口受到制度因素影响较为严重。中国的户籍制度、社会特色等因素使得西方学说是否适用于中国流动人口值得进一步探讨。因此,本书将从理论上探究西方关于流动人口心理健康的研究是否适用于中国流动人口。

其次,中国地区发展不平衡问题仍然存在,不同城市在城镇化率、社会经济水平等方面仍存在较大差异,使得对单一城市的研究缺乏普适性。比如,对国内部分城市和地区(重庆、厦门和江浙地区等)的研究发现,流动人口心理健康水平低于城市居民心理健康水平(胡荣,陈斯诗,2012;胡荣华,葛明贵,2008;蒋善,张璐,王卫红,2007;章芳,李祚山,卢淋淋,等,2011;闫凤武,2011)。但对另外一些城市(上海等)的研究发现,流动人口的心理健康水平和城市居民并无显著差异(Jin, Wen, Fan, et al., 2012)。然而,由于流动人口自身的流动性等因素,使得对流动人口心理健康的研究相较于对其他人群存在数据和理论上的困难。因此,国内对流动人口心理健康的研究大多仅关注一座城市,较少从全国样本尺度来研究。因此,本书将采用全国层面抽样数据,并比较流动人口在区域、城市、社区、住房等四个空间维度的流动特征和融入社会有关因素对流动人口心理健康的影响作用。

1.3 研究内容

1.3.1 流动人口空间流动特征研究

本书从流动人口的流出地区域、流入地城市、工作地点、社区类型和现住房属性等多个空间维度对全国八个城市（地区）的流动人口的心理健康进行了空间描述性统计分析，并在实证模型中探究社会因素、空间特征等对流动人口心理健康的共同作用。

1.3.2 流动人口个人社会经济和流动特征研究

本书对全国八个市区的流动人口的社会经济特征和流动特征进行描述性统计分析，并探究其对心理健康的影响作用。社会经济特征具体包括流动人口的年龄、性别、婚姻状况、家庭月收入、工作状况、受教育程度、户口、自评社会经济地位和自评受尊重程度，流动特征包括流动时间和居留意愿。在本书中，流动人口的社会经济特征和流动特征作为控制变量被纳入实证研究框架。

1.3.3 流动人口心理健康特征研究

本书运用凯斯勒心理量表（Kessler Psychological Distress Scale），从①紧张，②绝望，③不安或烦躁，④太沮丧以至于什么都不能让您愉快，⑤做每一件事都很费劲，⑥无价值这六个方面衡量流动人口心理健康水平，并探究流动人口不同空间流动特征和融入社会有关因素对其心理健康的影响作用。

1.3.4 流动人口融入社会有关因素研究

本书从社会联系、文化适应和社会融合三个方面研究流动人口融入社会有关因素。在社会联系方面，研究流动人口在流入地和流出地的亲属数量和组织活动参与程度。在文化适应方面，根据流动人口对流入地和流出地文化的参与和保持程度，将其划分为不同文化适应状态类型，并探究他们之间的差异。在社会融合方面，研究流动人口多维度的社会融合特征，包含经济融合、文化适应、社会适应、结构融合和同化/身份认同。

1.3.5 流动人口融入社会有关因素对心理健康影响作用研究

本书在对流动人口融入社会有关因素研究的基础上，进一步研究融入社会有关因素对流动人口心理健康的影响作用。在社会联系方面，探究本地社会联系和家乡社会联系对流动人口心理健康的影响作用，以及这两种不同类型的社会联系其影响作用的差异性。在文化适应方面，将流动人口划分为同化型、分离型、边缘化型和融合型四种文化适应类型，研究他们之间的差异性及其对心理健康的影响作用。在社会融合方面，研究社会融合对心理健康的直接影响作用和归属感对心理健康的间接影响作用。

1.3.6 提升流动人口心理健康的空间发展政策

通过对流动人口空间流动特征、融入社会有关因素及其对流动人口心理健康影响作用的研究分析，本书提出从区域、城市、社区和住房四个空间层级，通过改善流动人口在流入地的社会环境，从而提升其心理健康水平等相关政策建议，为城镇化高品质发展提供支撑。

1.4 研究框架

1.4.1 研究思路

本书采用经验研究范式，通过文献分析寻找研究问题的理论意义，并演绎出研究假设，之后结合相关数据和采用定量研究方法对研究假设进行证实或证伪，最后通过数据分析得到研究结论并结合文献对研究结论进行讨论。

1.4.2 技术路线

本书的研究技术路线如图 1-4 所示。

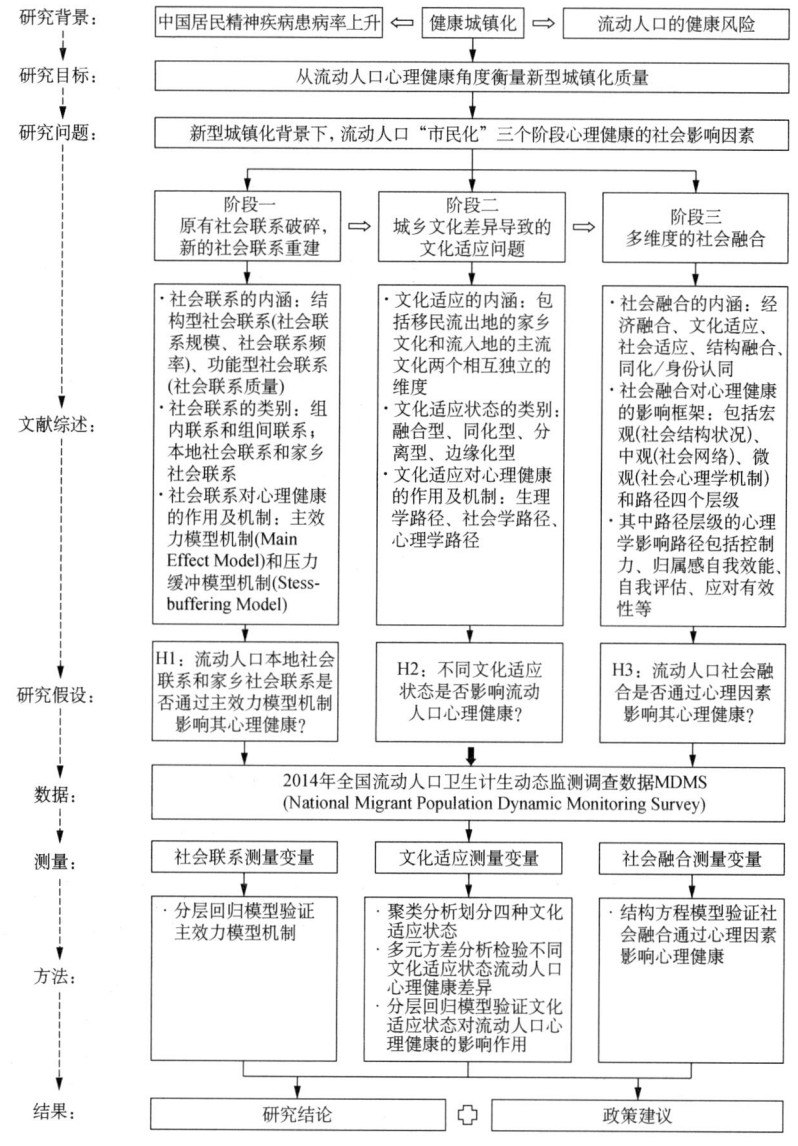

图 1-4 技术路线

1.4.3 数据来源

本书所用的数据主要来自 2014 年全国流动人口卫生计生动态监测调查数据。该数据由国家卫生健康委流动人口服务中心统计。数据包含两个数据库：①主数据库，囊括居住在超过 430 座城市大约 196 000 名流动人口的社会属性信息；②次数据库，为社会融合与心理健康个人问卷，该数据包含中国八个城市（地区），分别为北京市朝阳区、浙江省嘉兴市、福建省厦门市、山东省青岛市、河南省郑州市、广东省深圳市和中山市以及四川省成都市，采用分层、多阶段、与规模成比例的 PPS 抽样方法抽取相同样本量的人口进行调查，研究对象为流动人口。该问卷将流动人口定义为在流入地居住时长超过一个月，非流入地本区（县、市）户口的 15～59 周岁的流入人口。第一阶段抽样框为根据《中国流动人口发展报告 2013》选取的八个城市（地区）；第二阶段抽样框为根据各地区人口统计信息抽选的次级抽样单元，比如城市居委会；第三阶段抽样通过结合多种抽样方法，从每个次级抽样单元中选取 20 名流动人口进行问卷访谈（Huang, Liu, Xue, et al., 2018）。

本书选取次数据库社会融合与心理健康个人问卷，此问卷涉及社会联系、文化适应、社会融合、身份认同、社会距离、心理健康等内容。每个城市或地区的流动人口样本量为 2 000 人，其中成都市缺少 1 个样本，删除包含缺失值的 2 个样本，故总样本数为 15 997 人。

1.4.4 研究方法

本书主要采用横断面研究方法（cross-sectional study），公共健康规划和研究通常采用此方法，横断面研究方法指通过采用询问、实验室检验等方法对某一类研究群体在某一时刻或较短时间区间内的健康状况及其相关发生因素的调查（李远贵，张茹英，2003；Levin，2006）。横断面研究方法包含两种目的：其一是在未确定研究假设的情况下，通过问卷调研形式对某一特定人群的健康水平进行描述；其二是为了确定某一时间点某一特定人群的疾病发病率（Levin，2006）。由于国内关于流动人口心理健康的大样本调查研究较少，本书采用的数据主要为2014年全国流动人口卫生计生动态监测调查数据,该数据研究对象为2014年这一特定时间节点和流动人口这一特定人群的心理健康状况。

在横断面研究的基础上,本书采用统计模型进行定量分析,具体包括分层线性模型(Multilevel Linear Model)、聚类分析(Cluster Analysis)、方差分析(ANOVA)和结构方程模型(Structure Equation Modeling)等统计模型。

1.4.4.1 分层线性模型

分层线性模型又称为多层线性模型、混合效应模型、随机效应模型、随机系数回归模型和协方差成分模型等,通常用来处理分层嵌套式的数据,具体指高一层级结构的数据嵌套低一层级的数据(张力为,2002)。分层线性回归模型通过对数据进行分层,使得研究者可以在不同数据层级上提出不同的研究假设,并验证多个层级自变量对因变量的综合作用。

具体模型如下:

$$Y_{ij} = \beta_0 + \beta_1 X_{ij} + u_j + r_{ij} \tag{1-1}$$

$$\beta_{0j} = \gamma_{00} + \gamma_{01} W_j + u_{0j} \tag{1-2}$$

$$\beta_{1j} = \gamma_{10} + \gamma_{11} W_j + u_{1j} \tag{1-3}$$

式中 Y——因变量;

β_0——截距;

X——低层级自变量;

W——高层级自变量;

i——低层级样本;

j——高层级样本。

本书在第5章和第6章将数据分为个人和城市两个层级,分别研究个体差异和城市差异对流动人口心理健康的影响作用,并比较二者影响作用差异的大小。

1.4.4.2 聚类分析

聚类分析方法是通过对比数据某一属性,将属性相近的数据归为一类,属性相差较大的数据归为不同类的方法(张建萍,刘希玉,2007)。聚类分析方法包括多个种类,比如 K-means 聚类、BIRCH、CURE 等。

本书第 6 章采用 K-means 聚类方法,将流动人口依据已有文献划分为 4 类不同文化适应状态。K-means 聚类方法属于划分聚类算法,需要研究者首先根据已有理论文献确定聚类数量,从而将数据依据随机选取的初始聚类中心划分为对应数量的子集,每个子集都是一个聚类。

1.4.4.3 方差分析

方差分析方法被用来比较多组多变量数据的平均值,并综合考虑数据的组内差异和组间差异,比较组内协方差矩阵和组间协方差矩阵的差异性(王春枝,2013)。

本书第 6 章采用方差分析方法探究不同类型文化适应状态、流动人口的空间流动特征、个人社会经济属性、个人流动特征和心理健康有无显著差异。

1.4.4.4 结构方程模型

结构方程模型又称为协方差结构模型或线性结构模型,结构方程模型通过采用统计分析方法,依据理论对数据进行处理,从而通过对比模型结果和理论模式的一致性来达到验证理论模式的目的(陈琦,梁万年,孟群,2004)。结构方程模型通常被用来处理多原因和多结果的关系,模型中既包含可以直接测量的变量(即观测变量或显变量),也包含非观测型变量(即潜变量或隐变量),因此在社会科学中得到广泛应用(Hancock,2003)。

结构方程模型包括测量模型和结构模型两部分。首先,测量模型包括公式(1-4)和公式(1-5)。公式(1-4)表示外生潜变量 ξ 和外生观测变量 x 之间的联系;$\boldsymbol{\Lambda}_x$ 为外生观测变量在外生潜变量上的因子负荷矩阵;δ 为外生观测变量误差。公式(1-5)表示内生潜变量 η 和内生观测变量 y 之间的联系;$\boldsymbol{\Lambda}_y$ 为内生观测变量在内生潜变量上的因子负荷矩阵;ε 为内生观测变量误差。其次,在结构模型部分,公式(1-6)表示内生潜变量 η 和外生潜变量 ξ 的关系;$\boldsymbol{B}$ 为内生潜变量 η 的路径系数矩阵;Γ 为外生潜变量和相应内生潜变量 η 的路径系数;ζ 为残差。

$$x = \boldsymbol{\Lambda}_x \xi + \delta \tag{1-4}$$

$$y = \boldsymbol{\Lambda}_y \eta + \varepsilon \tag{1-5}$$

第1章 绪　论

$$\eta = \boldsymbol{B}\eta + \varGamma\xi + \zeta \tag{1-6}$$

本书第 7 章采用结构方程模型验证流动人口社会融合对心理健康的直接作用和通过影响归属感从而作用于心理健康的间接作用。

1.5　章节安排

本书共 8 章,第 1 章为绪论部分,介绍本书的研究背景和研究意义,并对本书的研究内容、研究方法和研究框架进行详细说明。

第 2 章为国内外文献综述,此章节梳理了国内外已有研究对社会联系、文化适应和社会融合的概念界定及其对心理健康的影响作用,为本书第 5 章、第 6 章和第 7 章的实证研究提供理论基础。

第 3 章为实证研究框架构建,此章节建立了本书的实证研究框架,并对流动人口和心理健康进行概念界定。

第 4 章从不同空间层级上对流动人口的心理健康进行描述性统计分析,具体包括流出地区域、流入地城市、工作地点、社区类型和现住房属性五个方面。

第 5 章为探究流动人口社会联系对心理健康的影响作用,此章节使用分层回归模型从本地社会联系和家乡社会联系两个方面验证社会联系对流动人口心理健康的影响作用。

第 6 章为探究流动人口文化适应状态对心理健康的影响作用,此章节依照理论将流动人口划分为融合型、同化型、分离型和边缘化型四种不同文化适应状态,并采用聚类分析、方差分析和分层回归模型分析不同的文化适应状态对流动人口心理健康的影响作用。

第 7 章为探究流动人口不同维度的社会融合对其心理健康的影响作用,并在理论研究基础上进一步挖掘归属感在其中的中介作用。实证研究中使用结构方程模型分析社会融合对心理健康的直接影响作用和通过提高归属感对心理健康的间接影响作用。

第 8 章为研究结论及政策建议,此章节进一步总结前面章节的研究结论,并提出如何在城镇化背景下,从区域、城市、社区和住房等多个空间层级进一步提高中国流动人口心理健康水平的政策建议。

第 2 章　国内外文献综述

很多文献已证实众多因素会影响人的心理健康(Organization，2001)，比如人一生中不同阶段的社会、经济和物理环境(Jessica Allen，2014)，而在影响心理健康的众多因素中，社会环境对心理健康有着显著影响(Berkman，Glass，Brissette，et al.，2000；Umberson，Montez，2010)。对生活在城市中的人们而言，社会环境因素包括了个人的社会联系、社会支持、社会隔离、社会网络、社会融合、社会经济地位、城市的犯罪率、从事危险行业的边缘化人群数量，以及伴随着城市的密集和多样而产生的其他问题(Freudenberg，2000；Geronimus，2000；Leviton，Snell，McGinnis，2000；Mullins，Elston，Gutkowski，1996；Galea，Ahern，Rudenstine，et al.，2005)。本章主要从流动人口在流入地"市民化"阶段中融入社会有关因素入手，具体从社会联系、文化融合和社会融合三个方面研究流动人口融入社会有关因素对其心理健康的影响作用。

2.1　流动人口的社会联系与心理健康

2.1.1　社会联系的内涵

西方学者对社会联系(social tie)的研究开始得较早，但还没有给出一个统一的定义以及分类方法。W. D. Abbott(1990)认为，社会联系源起于交换理论，即社会联系开始于社会网络中某一个体对另一个体资源的需求。在此基础上，Thoits(2011)将社会联系定义为人们与其社会网络成员发生的联系和接触。Berkman，Glass，Brissette 等(2000)认为，社会联系的特征包括面对面联系的频率、非视觉联系频率(frequency of nonvisual contact)、组织参与或出席频率、联系的互惠性(reciprocity of ties)、关系的多重性(multiplexity)、持续时间

(duration)和亲密关系(intimacy)。

学界对社会联系的分类有以下几种：

(1) 从建立社会联系的人的相似程度来划分，可将社会联系分为组内联系(intragroup ties)和组间联系(intergroup ties)。组内联系为相似的人之间的联系，组间联系指不同的人之间建立的联系(Ling Na，2016)。McPherson, Smith-Lovin, Cook(2001)将组内联系又称为同质性(homophily)。"同质性是一种规则，这种规则意味着相似的人之间发生互相接触的概率比不同的人之间要大。"这种基于相似的人之间的社会联系往往会通过互惠作用来提高社会联系中人们的健康水平(Ibarra，1993)，基于同质性的互惠作用较为均衡，并会带来更好的健康效益(Gallo，1982)，比如移民和来自同一文化根源的人有紧密的社会联系，这种关系会促进移民的社会融合和经济融合，并提升其幸福感(van Kemenade, Roy, Bouchard，2006)。另外，组间联系则能帮助移民更好地融入主流社会(Ling Na，2016)，并为他们带来更多提升健康水平的资源和机会(Cattell，2001)，比如Y. Y. Kim(2001)指出，跨文化的社会联系增多可以促进移民融合，并提高移民的心理健康水平。

(2) 从联系发生的地域来划分。对流动人口而言，一方面，他们在流入地建立本地社会联系(local social ties)，与此同时，他们和家乡的人也保持着紧密的情感联系和经济联系，即家乡联系(trans-local social ties)(Jin, Wen, Fan, et al.，2012；Cheung，2013，2014)。本地联系会提供陪伴关系以及物质和情感上的支持(王毅杰，童星，2004)，Yue, Li, Jin等(2013)认为，流动人口的本地联系是一种基于流入地的特殊社会资源，这种联系可以促进流动人口更好地融入，尤其是在他们进入流入地后面临社会支持缺失、社会网络重建等问题时。

另一方面，家乡联系对于中国流动人口而言也十分重要。因为户籍制度的约束，中国流动人口很难在流入地定居，只能频繁地在家乡和流入地之间往返，而且很大一部分流动人口最终还是会回到家乡(Jin, Wen, Fan, et al.，2012)，并且随着科技的发展，手机等社交工具使得流动人口很容易和家乡的人保持联系(Cartier, Castells, Qiu，2005)。除此之外，流动人口回家以及参加家乡相关的社会经济活动都会加强其与家乡的联系。流动人口进入流入地之后的心理适应与调整的过程主要依赖于家乡联系(Chan, Huxley, Chiu, et al.，2016)。Cheung(2014)认为，当流动人口的本地联系和家乡联系增加时，社会压力对他们的心理健康所产生的影响就会削弱,而在这之中家乡联系起的作用更大。从社会比较(social compare)的角度来讲,家乡联系往往意味着流动人口选取家乡人作为社会比较的参照组,与其相比,流动人口有着明显更高的社会经济地位(Jin, Wen, Fan, et al., 2012),因此家乡联系所产生的社会比较结果往往优于本地联系。

2.1.2 社会联系对心理健康的影响作用

社会联系作为社会环境的重要组成部分,对心理健康有重要的提升作用(Berkman, Glass, Brissette, et al., 2000; Barnett, Gotlib, 1988; Seeman, 1996),但同时也有一些研究指出,社会联系也会潜在地增加心理压力,降低人们的幸福感(Barnett, Gotlib, 1988; Gargiulo, Benassi, 2000)。社会联系对心理健康影响作用的理论基础假设主要来自 Cohen 和 Wills 在 1985 年提出的主效力模型(Main Effect Model)和压力缓冲模型(Stress-Buffering Model)(Cohen, Wills, 1985; Kawachi, Berkman, 2001)。其中,主效力模型认为,社会联系对心理健康有直接作用,例如 Jin, Wen, Fan 等(2012)证实流动人口的社会联系对其心理健康有着显著的直接影响作用,并且不同种类的社会联系的影响作用不尽相同。而压力缓冲模型认为,社会联系通过减少压力对心理健康的负面作用从而提高心理健康水平,比如 Cheung(2014)在对广州农民工心理健康的研究中综合考虑了社会压力和社会联系对心理健康的作用,并发现对农民工和城市人口而言,社会联系通过调节社会压力对心理健康产生的间接影响作用并不相同。这两种影响作用并不是完全互斥的,结构型社会联系(structural social ties)以社会网络(social network)等为代表,指人的社会关系网,并侧重于关系网的结构要素,比如关系类型和关系持续时长等(Umberson, Montez, 2010)。功能型社会联系(functional social ties)以社会支持(social support)等为代表,指基于人的社会关系网所带来的资本或支持等,并侧重于关系网的质量。结构型社会联系对心理健康有着直接影响作用,通常一个人的朋友越多,其心理健康就越好;而功能型社会联系则往往通过缓解人们感受到的压力来间接影响心理健康(Kawachi, Berkman, 2001)。

Thoits(2011)将社会联系对心理健康的影响路径进一步细分为七种,国内

外学者对其中部分影响路径进行了实证研究:

(1) 社会影响/社会比较(social influence/ social comparison)。社会影响是指社会网络中的个体之间会产生互相影响(Marsden, Friedkin, 1994),社会比较则是指人们通过和自己选取的参照组进行比较,从而获得行为指导(Berkman, Glass, Brissette, et al., 2000)。众多研究者的实证研究发现,当选取不同的参照组时,社会联系对心理健康的影响不同,比如 Jin, Wen, Fan 等(2012)研究发现,当流动人口选取本地人作为其社会比较的参照组时会为其心理健康带来消极影响,而当他们选取家乡人作为参照时,由于流动人口往往有更高的社会经济地位,基于家乡联系的社会比较会提升其心理健康水平。

(2) 社会控制(social control)。社会控制意味着社会网络成员试图鼓励、劝导、提醒或者促使他人去适应或者遵守健康行为。

(3) 行为的导则、目的和意义[role-based purpose and meaning(mattering)]。社会联系代表着人们在社会结构中的社会角色关系,比如夫妻、父子、医患、朋友关系,并伴随着互惠的权利和义务。Umberson(1987)通过实证证实社会联系可以通过此路径为人们提供其在社会联系中的社会角色的行为导则、生活目的和意义,并提升心理幸福感。

(4) 自我评估(self-esteem)。自我评估在个人社会联系/角色关系的数量、种类和心理健康间起到调节作用,自我评估很多时候来自社会比较的结果,但又不囿于社会比较,人们也可以通过观察其他人眼中的自己来获得行为反馈和自我评估(Cooley, 1902)。低自我评估会导致很多心理健康问题,比如抑郁、自杀、不规则饮食和焦虑,而高自我评估则可以提高心理健康水平,并帮助其抵抗很多消极影响(Mann, Hosman, Schaalma, et al., 2004)。

(5) 控制力(sense of control)。当人们面对压力或者挑战时,控制力可以增强人们对自己应对能力的信心,并因此减少焦虑和抑郁(Mirowsky, Ross, 2003)。Moradi 和 Hasan(2004)通过实证证实控制力会在自评受歧视程度和自我评估之间起到完全调节作用,而在自评受歧视程度和心理健康之间起到部分调节作用。

(6) 归属感和伴侣关系(belonging and companionship)。归属感产生于人们和社区或者社会团体之间的社会联系,意味着一个人得到他所在团体成员的接受和包容(Jr, 2000),其基于归属感的社会联系往往通过社会参与来实现,并对心理健康有很好的保护作用(Thoits,2011; Lin, Ye, Ensel, 1999)。伴侣关系(一般为婚姻)可以为人们提供很多积极影响,并相应地提升心理幸福感(Rook, Underwood, 2000),相反的,缺少伴侣关系的人容易产生孤独感,这会导致抑郁、焦虑,损害心理健康(Cacioppo, Hawkley, Crawford, et al., 2002)。

(7) 感知社会支持(perceived support availability)。感知社会支持为人们实际感受到的来自社会网络成员的情感、信息和物质支持。Vinokur 和 Van Ryn(1993)的研究证实社会支持对心理健康有着重要的影响作用。一个人的社会网络小、亲密关系少、社会支持少,都会导致抑郁等心理问题(Kawachi, Berkman, 2001)。

尽管已有学者对高收入国家居民的社会联系对心理健康的影响作用做过一定的研究,但是不同国家居民的社会联系对心理健康的影响作用是否相同还有待进一步探讨。不同于西方国家,一方面中国的流动人口在流入地重新建立社会联系,另一方面由于户籍制度等相关因素的制约作用,流动人口大多将核心亲属(配偶或子女)留在家乡(Jin, Wen, Fan, et al., 2012; Guarnaccia, Martinez, Acosta, 2005)。因此,本地社会联系和家乡社会联系同时作用于流动人口的心理健康。

已有研究发现,城市因素也会影响人们的心理健康,人们当时所处城市的政治、社会、经济和环境以及历史文脉都会影响其生活条件(Allen, 2014),并且使其生活期望产生变化(Marmot, Allen, Bell, et al., 2012),从而进一步影响其社会联系和心理健康。国内对流动人口的社会联系与心理健康的研究样本多为一座城市或者几个社区,缺少较大样本(胡宓,2012),并较多关注特定族群比如流动儿童(Sun, Chen, Chan, 2016),流动青少年(Cheung, 2013),移民老年人(李珊,于戈,2012;刘颂,2007),等等。

因此,本章拟从本地社会联系和家乡社会联系两个维度研究城镇化背景下中国流动人口的心理健康,并且将流动人口在区域、城市、社区和住房等四个空间层级上的流动特征纳入研究框架。

2.2 流动人口的文化适应与心理健康

2.2.1 文化适应的内涵

20世纪末,伴随着大量国际移民流入美国、英国、加拿大、澳大利亚等主要西方国家,移民在家乡文化和流入地主流文化间的适应过程为众多学者研究移民的文化适应问题(acculturation)提供了机会(Berry,Kim,Minde,et al.,1987a;Bourhis,Giles,Tajfel,2010),文化适应与心理健康的关系也日益受到关注(Rogler,Cortes,Malgady,1991;Liebkind,Jasinskajalahti,2000;Valenciagarcia,Simoni,Alegría,et al.,2012)。

但学界关于文化适应目前并没有一个确切、明晰和公认的定义方式。文化适应的概念起源于欧洲殖民扩张时期,用来描述当两个拥有不同文化背景的人交流时所产生的习俗、信仰等的改变(Hunt,Schneider,Comer,2004)。关于文化适应的理论学说主要分为三类:第一类学说认为,文化适应是一个单向且不可逆的过程,比如Gordon(1964)提出,文化适应是移民最终被流入地文化同化的过程,在这种理论假设下,文化适应被视为移民逐渐从家乡文化转向流入地文化的过程。第二类学说认为,文化适应是移民的家乡文化和流入地主流文化二者交互的过程(Redfield,Linton,Herskovits,1936),这种学说认为,移民的文化适应并没有明确的发展方向和转变趋势。第三类学说将移民流出地的家乡文化和流入地的主流文化视为两个相互独立的维度,这种定义方式最为明晰且被广泛接受(Hunt,Schneider,Comer,2004)。Salabarríapeña,Trout,Gill等(2001)提出,当人们的家乡文化接触到主流文化时,人们的文化改变过程就是文化适应。在这个适应过程中,人们接受主流文化,并保持或者放弃家乡文化。在这种定义方法下,文化适应包含两个维度的内容:①对主流文化的接触和参与程度;②对家乡文化的保持程度(Berry,1980;Kim,1988)。这也是关于文化适应最主流的理论学说之一。J. W. Berry等在此基础上进一步归纳出包含四种文化适应类型的双向模型(Bidimensional Model)(图2-1),分别为拒绝家乡文化、对主流文化参与程度高的同化型(assimilation);保留家乡文化、对主流文化参与程度低的分离型(separation/segregation);同时拒绝两种文化的边缘化型(marginalization);保留家乡文化,对主流文化参与程度高的融合型(integration)(Berry,1980;Kim,1988;Fassaert,Hesselink,Verhoeff,2009)。不同的文化适应程度主要取决于人们参与主流文化的意愿、行动和喜好(Berry,Kim,Minde,et al.,1987a),同时主流文化的包容性和主流文化社会对待文化差异的态度也会影响移民的文化适应程度(Yeh,2003;Zagefka,Brown,2002)。在个人的文化适应意愿和主流文化处理移民文化态度的双重影响下,移民的文化适应最终会是四种文化适应状态之一(Bourhis,Moïse,Perreault,et al.,1997)。

在中国,文化适应往往被作为社会融合的众多维度之一(Yue,Li,Jin,et al.,2013),国内关于流动人口的文化适应研究较早由任远等人开展,任远和邬民乐(2006)认为,社会融合是不同个体、不同群体或不同文化之间互相配合、互相适应的过程。在此基础上,悦中山(2011)将社会融合分为文化适应、社会经济融合和心理融合三个维度,并对 Berry 的双向模型进行实证,从"是否愿意保持自己家乡的生活习惯"和"是否愿意适应城市的现代工业文化"两个维度将流动人口分为融合、同化、分离和边缘化四种文化适应类型(图 2-1)。

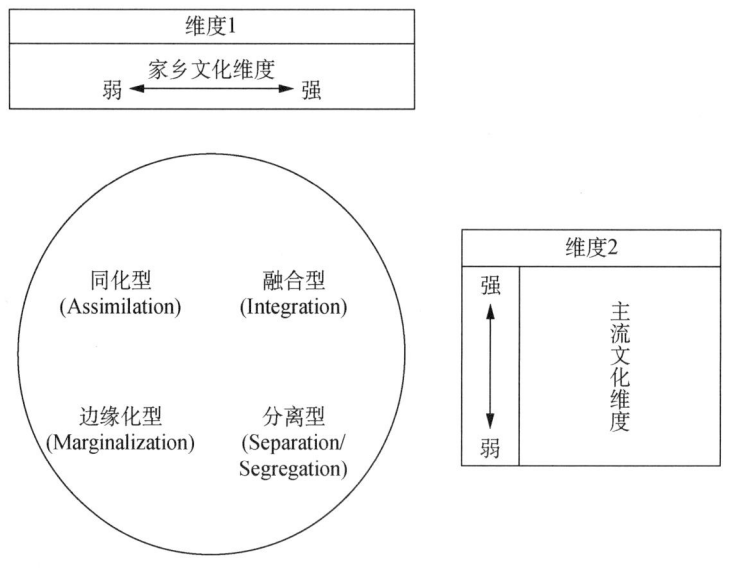

图 2-1 Berry 文化适应双向模型

2.2.2 文化适应对心理健康的影响作用

西方已有文献发现文化适应对心理健康的影响作用主要包括三种：正向影响、负向影响和曲线影响(Rogler, Cortes, Malgady, 1991)。首先，正向影响意味着文化适应对心理健康有着显著的积极影响作用。在这种影响作用下部分研究将文化适应视为社会融合的最后一步，当移民完成文化适应时，他们就成功地融入流入地，并成为其社会的一员(Shen, Takeuchi, 2001)，文化适应的正向影响作用多适用于难民，融入流入地主流文化对难民而言往往意味着更多的机会和更好的心理健康(Mghir, Freed, Raskin, et al., 1995)。其次，部分研究也发现，高度文化适应会加强移民在两种文化间的不和谐感和冲突感，从而对心理健康产生负向影响(Shen, Takeuchi, 2001; Vega, Kolody, Aguilar-Gaxiola, et al., 1998; Gil, Wagner, Vega, 2000)。比如 Vega, Kolody, Aguilar-Gaxiola 等(1998)的研究发现，拉丁美洲移民的文化适应对心理健康有着消极的影响作用。最后，曲线影响认为，移民最初进入流入地面对家乡文化和流入地主流文化的文化冲突时，文化适应过程会降低其心理健康水平，但随着移民进一步融入流入地，文化适应对其心理健康的积极作用则会逐渐显现(Berry, 1980)。Shen 和 Takeuchi(2001)进一步认为，移民处于融合型和分离型文化适应状态之间时，即移民对任一文化(家乡文化或主流文化)有较高认同感时，其心理健康状态最好，而当移民从一种文化(家乡文化或主流文化)向另一种文化转变或吸收另一种文化时，移民容易产生更多的文化压力。

部分研究者认为，不同研究证实的文化适应对心理健康的不同影响作用有可能是由于实证研究对象的不同而导致的(Yeh, 2003)，并提倡进一步研究不同人群的文化适应与心理健康的关系(Fassaert, Hesselink, Verhoeff, 2009; Bhui, Stansfeld, Head, et al., 2005)。

众多研究文化适应与心理健康关系的研究者采用 Berry 文化适应双向模型作为理论模型并进一步指导其实证研究，研究结果发现，不同的文化适应程度对人们的心理健康有着决定性的影响(Sodowsky, Edward, 1997)，但具体影响结果并不一致(表2-1)。首先，大部分研究结果都证实融合型文化适应状态对移民心理健康有良好的影响作用(悦中山，2011; Shen, Takeuchi, 2001;

Nguyen，Peterson，1993；Phinney，Devich-Navarro，1997），比如 Gaertner 和 Dovidio(2000)的实证研究认为，融合型是最好的文化适应结果，因为处于融合状态的移民一方面对流入地社会有着较好的融入感，另一方面又有积极的自身文化独特感。另外，同化、分离和边缘化文化适应状态对移民心理健康的作用则并不一致（悦中山，2011；Shen，Takeuchi，2001；Nguyen，Peterson，1993；Phinney，Devich-Navarro，1997）。比如悦中山(2011)发现，中国农民工文化适应的首选策略是融合，同化和融合状态的农民工抑郁程度较低，而处于边缘化文化适应状态的农民工对现有生活满意度较高。但 Nguyen 和 Peterson(1993)在对越南裔美国人的实证研究中发现，对越南文化认同感越低、对美国文化认同感越高的越南裔美国人越容易抑郁，也就是说缺乏对某一特定文化（主流文化或家乡文化）的认同会导致抑郁，Nguyen 和 Peterson(1993)认为，这源于身份认同危机(identity crisis)和伴随而来的压力。

表 2-1 文化适应文献分析

文献	样本	边缘化	分离	同化	融合
Nguyen，Peterson (1993)	50 名越南裔美国大学生完成了问卷调查，问卷包含抑郁症状，压力生活事件，以及对越南社会和美国社会的适应情况	有害	有益	有害	有益
Phinney，Devich-Navarro(1997)	52 名中产阶级的非裔美国人，46 名中产阶级和工人阶级的墨西哥裔美国学生	有害			有益
Shen，Takeuchi (2001)	983 名来自有代表性的社区样本的华裔美国人，其中大多数是移民	有益	有害	有害	有益
悦中山(2011)	使用 2009 年调查的农民工样本		有益	有益	有益

在文化适应对心理健康的影响途径方面，众多研究发现，影响途径主要包含生理学、社会学和心理学三方面。

(1) 在生理学方面，健康行为(healthy behavior)是最早被研究的文化适应影响移民健康的重要途径之一(Hunt，Schneider，Comer，2004)，行为模型或生活方式模型认为，基于文化产生的知识、态度和信念会影响人们的行为选择，从而进一步影响人们的健康(Dressler,1993;程菲,李树茁,悦中山,2015)。健康行为主要为人们前往健康服务设施的次数,很多研究发现,移民对流入地的语言熟悉程度会显著影响其使用健康服务设施的次数,并因此显著影响其心理健康(Valenciagarcia, Simoni, Alegría, et al., 2012; Kim, 1988; Kamperman, Komproe, De Jong, 2007)。

(2) 在社会学方面,良好的文化适应往往会带来更优质的社会资本、更多的社会支持和更紧密的社会联系,使得移民获得更多提升健康水平的信息和机会。比如 Shen 和 Takeuchi(2001)的研究认为,文化适应对心理健康的所有影响作用都是通过社会和个人属性途径调节的,而其中社会支持起到了大部分作用。Valenciagarcia, Simoni, Alegría 等(2012)对华盛顿 205 名墨西哥女性的研究发现,文化适应不会直接影响心理健康,而是通过提高人们前往健康服务设施的次数来间接影响心理健康,同时社会资本在其中起到显著的调节作用。Oppedal, Røysamb, Sam(2004)在对 137 名移民学生的实证研究中发现,社会支持对文化适应和心理健康有重要调节作用。Rogler, Cortes, Malgady(1991)在对 30 篇文献的综述中发现,文化适应会通过社会联系和自我评估对心理健康起到影响作用,但这种影响作用在不同的实证研究中所得的结果并不完全相同。

(3) 在心理学方面,部分研究发现,文化适应会提高移民的自我评估(self-esteem),从而调节其文化适应压力和种族认同危机对心理健康的消极影响作用,Oppedal, Røysamb, Sam(2004)的实证研究还发现,自我评估可以调节文化适应和种族认同危机对心理健康的作用。

事实上,纵观国内外关于文化适应与移民心理健康的影响作用研究,西方研究主要关注跨国移民,较少关注国内移民。而在中国,由于历史文化悠久、地区发展水平不一和独特的户籍制度,中国国内流动人口在方言、文化习惯等方面往往面临着和跨国移民一样的文化差异问题(邱培媛,杨洋,吴芳,等,2010;Gui, Berry, Zheng, 2012),国内文化适应研究者大多关注少数民族(高承海,安洁,万明钢,2011;赵铭锡,2012;罗平,2011;王亚鹏,李慧,2004)和留学生(陈玳玮,于馨,2010;钟家宝,高静,谢钢,2013;于华珍,2017),对国内流动人口心理健康的研究主要由悦中山(2011)、程菲、李树茁、悦中山(2015)以及余伟(2006)等开展,主要研究视角包括将文化适应作为社会融合的重要维度之一,研究其对农民工心理健康的影响作用,或者研究新老农民工代际差异对文化适应与心理健康的影响等。

本章拟在前人研究的基础上,进一步将城镇化背景纳入研究范围,考虑在区域、城市、社区、住房等多个空间层级因素共同作用下,不同城市流动人口文化适应状态对其心理健康的影响作用。

2.3 流动人口的社会融合与心理健康

2.3.1 社会融合的内涵

社会融合概念最早起源于涂尔干对自杀的研究(Park,Burgess,1929),但一直以来并没有一个公认的定义方式(悦中山,2011)。西方研究认为,社会融合是指人们在非正式关系(informal social relationships)(比如伴侣关系)和正式关系(formal social relationships)(比如宗教活动)的总体参与程度(Umberson,Montez,2010)。在国内,杨菊华(2010)较早开始研究社会融合,她认为社会融合是一个动态的、渐进的、多维的和互动的概念。任远和邬民乐(2006)认为,社会融合是不同个体、不同群体或不同文化之间的互相配合、互相适应的过程,任远和乔楠(2010)进一步指出,流动人口的社会融合是一个逐步同化和减少排斥的过程,是流动人口对城市的主观期望和城市的客观接纳相统一的过程,是本地人口和外来移民发生相互交往和构建相互关系的过程。

在维度上,众多研究者从政治、经济、文化、社会等维度衡量社会融合,并将其归纳为结构性融合、社会-文化性融合、政治合法性融合等。梁波和王海英(2010)在对国外移民社会融合研究综述中进一步归纳出三种具有代表性的社会融合模型:

(1)二维度模型,此模型将移民社会融合划分为结构性和文化性两类,结构性融合是指移民对流入地制度与组织层面的社会参与程度,结构性融合可以提高移民和流入地社会的接触机会,并进一步为移民在流入地的融合和认同提供机会。文化性融合则代表移民在价值导向上和认同感上向主流社会转变,此类模型以Gordon(1964)为代表。Gordon(1964)提出,应该从结构性和文化性两个维度下的七个方面测量移民的文化适应和社会融合,具体包括文化适应、社会结构性同化、不同种族间通婚状况、移民身份认同感、减少偏见、消除歧视和公共事务融合。

(2) 三维度模型,此类模型相较于二维度模型增加了政治合法性融合维度,并以 Junger-Tas(2001)模型为代表。在此模型中,结构性融合是指移民在受教育、工作、经济收入和住房等方面的融合情况;社会-文化性融合主要指移民在流入地城市参加社会组织活动、和他人的社会联系、文化态度和行为适应过程;政治合法性融合的原则是法律面前人人平等,其涵盖与流入地居民等同的政治合法权利,比如选举权、被选举权等。

(3) 四维度模型,此模型包括社会经济融合、政治融合、文化融合和流入地社会对移民的接受和排斥等,比如 Entzinger 和 Renske(2003)模型。此类模型相较于前两类模型不再局限于移民个体层次,而是增加了流入地对移民整个群体的态度层次。社会经济融合代表移民在工作、经济收入、社会福利、社会活动参与等方面融合情况,政治融合类似于三维模型的政治合法性融合,文化融合主要包括移民对流入地主流文化的态度、配偶选择和语言选择等。

反观国内,社会融合研究主要聚焦于农村到城市的流动人口身上,社会融合维度大多包含心理维度、文化维度、身份认同和经济维度等(张文宏,雷开春,2008;王桂新,苏晓馨,文鸣,2011),在此基础上杨菊华(2010)进一步提出应将行为适应纳入社会融合的研究维度中,她提出农村-城镇流动人口社会融合应包含经济整合、行为适应、文化接纳和身份认同四个维度,并提出了相对应的指标体系。但周皓(2012)认为,杨菊华提出的行为适应维度仍值得商榷,他认为行为适应是社会融合产生的结果,而并不是用来测量社会融合的内在维度。此外,周皓(2012)提出了包含五个维度的社会融合模型,具体为:①经济融合,其标志为有固定的住所和稳定的收入;②文化适应,主要表现在流动人口对流入地社会文化的适应程度,衡量指标包括语言、外表、居住时间、饮食和风俗习惯等;③社会适应,即流动人口进入流入地后的心理观念上的转变和适应,比如是否喜欢迁入地、歧视和社会参照体系等;④结构融合,主要为流动人口的社会交往和社会分层现象;⑤同化/身份认同,主要体现在流动人口通过和主流社会进行交流和互动,逐步产生新的身份认同感。国内关于流动人口社会融合的实证研究大多在以上社会融合理论研究的基础上结合所采用的调研数据特点进一步归纳社会融合的维度,因此实证研究中的社会融合维度与指标缺乏一定的公认性,从而导致不同社会融合研究无法进行横向比较。比如李振刚(2014)基于 Gordon 二维度模型从结构融合(包含经济融合和制度融合)和社会文化融合(包括社会关系融合、文化融合和心理融合)共计五个方面对新生代农民工社会融合进行实证研究,杨聪敏(2014)则采用职业融合、政治融合、民生融合、文化融合、关系融合和身份融合六方面衡量新生代农民工社会融合,而陈湘满和翟晓叶(2013)则采用流动人口融入意愿、对城市喜爱程度、对城市发展关注度和城市居民接纳态度测量湖南省流动人口社会融合。

2.3.2 社会融合对心理健康的影响作用

社会融合与健康的关系研究的理论基础来自于 E Â mile Durkheim,他认为个人的健康(身体和心理)是其自身社会动力学(social dynamics)的结果,而社会融合在其中起到显著的影响作用(Durkheim,Spaulding,Simpson,1966)。此后从 19 世纪 70 年代开始,众多研究都证实了社会融合在减少患病率和提高心理健康上的重要作用(Seeman,1996)。比如 Rose,Joe,Shields 等(2014)在对黑人青少年的研究中,将青少年在学校的社会联系、学校活动参与程度和学习成绩作为社会融合的主要测量指标,发现社会融合对心理健康有着显著的直接影响作用。此外,Myers,Lindenthal,Pepper(1975)还进一步验证了社会融合对心理健康的间接影响作用,其研究发现社会融合还可以通过缓解生活事件(life events)对心理健康的消极影响从而间接提高心理健康。

在影响途径方面,Berkman,Glass,Brissette 等(2000)在对前人文献综述的基础上提出了社会融合影响健康的理论框架(图 2-2),影响途径包括健康行为影响途径、心理学影响途径和生理学影响途径。健康行为(health behavior)包括提升健康的行为,比如锻炼和就医等;损害健康的行为,比如抽烟和酗酒等。健康行为影响途径(health behavioral pathways)则是指社会因素通过改变人的健康行为从而进一步影响人们的健康。心理学影响途径是指社会因素通过影响人们的心理因素(比如提高归属感)影响人们的健康。生理学影响途径(physiologic pathways)是指社会因素改变人的生理机能[比如免疫系统功能(immune system function)]影响人们的健康。

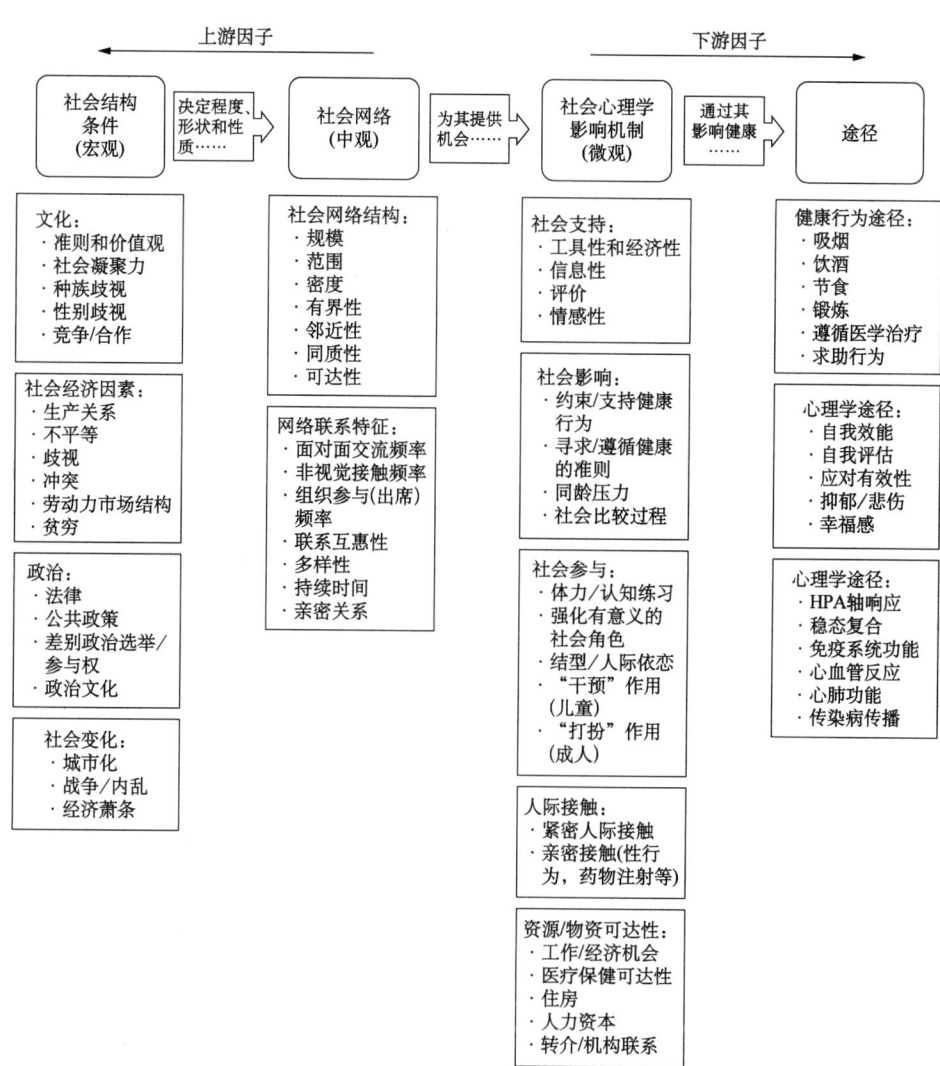

图 2-2 社会融合与健康理论框架 [Berkman, Glass, Brissette, et al.(2000)]

其中,关于社会融合通过影响心理因素间接作用于心理健康已经得到很多实证研究验证,比如 Stansfeld(2002)指出社会融合可以产生积极的心理作用,包含目的性、归属感、安全感和自我价值认知。Ling Na(2016)最近在其实证研究中将心理因素考虑为控制力(personal control)、归属感(sense of belonging)和普遍信任(generalized trust),并证实了心理因素确实可以调节社会融合和心理健康的关系。国内研究则较少关注心理因素在社会融合与心理健康间的中介作用,更倾向于将心理融合作为社会融合的一个重要维度来研究其对心理健康的影响作用(张文宏,雷开春,2008;王桂新,苏晓馨,文鸣,2011;李振刚,2014),实证研究者多用认同感作为心理融合的指标来研究其对流动人口心理健康的影响作用(颜咏华,郭志仪,2015;李梦姣,2016;杨菊华,张娇娇,吴敏,2016)。

不同于西方的国际移民,中国流动人口的社会融合问题主要产生于城乡间,并来源于户籍制度及其衍生的福利和相关制度,因此心理因素是否可以有效调节中国流动人口社会融合对其心理健康的影响作用还有待进一步探究。对于中国流动人口而言,户籍制度作为一种"社会屏蔽"制度连同其衍生的就业、住房、社会保障等因素,将流动人口屏蔽于流入地一系列社会资源外(李强,2002;余运江,高向东,郭庆,2012),流动人口面临整体性和体制性的排斥导致其成为独立于城市和乡村"二元"外的"第三元"(李景治,熊光清,2006;李强,张海辉,2004;甘满堂,2001),其社会网络规模小、紧密度高、同质性强,缺少和本地居民的互动(王毅杰,童星,2004;牛喜霞,2007),影响其对流入地的身份认同感和内心归属感,从而损害流动人口心理健康。除了户籍制度自身导致流动人口的资源和福利缺失外,流动人口在流入地还往往面临着社会歧视问题(Li, Stanton, Fang, et al., 2006),受歧视的经历会损害和改变其心理健康(Liebkind, Jasinskajalahti, 2000; Kessler, Mickelson, Williams, 1999),因此流动人口在流入地城市的社会融合问题引起较多关注(邬民乐,2009)。Dalgard 和 Thapa(2007)指出对移民而言,社会融合有可能既带来积极影响又带来消极影响,而从心理因素研究社会融合与流动人口心理健康的关系有助于加深对流动人口社会融合的理解,并找到提高其心理健康的途径和方法。

本章拟在前人研究基础上,将流动人口多个空间层级的流动特征纳入研究框架,探究多维度社会融合对心理健康的影响作用,并探究心理因素在其中的中介作用。

2.4　小结

本章节综述了社会联系、文化适应和社会融合的概念,并进一步梳理了这三种融入社会有关因素对心理健康的影响作用。

首先，在社会联系方面，已有文献证实了社会联系对心理健康有着直接和间接两种影响作用，国内研究进一步指出，对流动人口而言，其在流入地建立的本地社会联系和其保持的和家乡的社会联系都会对其心理健康起到直接影响作用。

其次，在文化适应对心理健康的影响作用方面，大部分研究将文化适应分成两个独立维度：主流文化参与程度和家乡文化保持程度。文化适应对心理健康可能存在正向影响、负向影响和曲线影响。而这种不同的影响作用有可能是因为实证研究对象的不同而导致的。

最后，在社会融合对心理健康的影响作用方面，中西方文献普遍认为，社会融合是一个多层次和多维度的概念，包含经济融合、文化适应、社会适应、结构融合和同化/身份认同等。其对心理健康的影响作用也较为复杂，影响途径包括健康行为途径、心理学途径和生理学途径等。

已有文献对移民融入社会有关因素对其心理健康的影响作用已有较多的研究，但仍存在一定不足：

首先，西方对移民心理健康的研究大多关注跨国移民，而中国流动人口主要为国内移民，其一方面和流出地仍保留较为紧密的联系，在另一方面也更容易受到流入地政策和环境的影响。因此，快速城镇化背景下影响中国流动人口心理健康的因素有待进一步研究。

其次，目前研究大多关注流动人口融入社会有关因素对心理健康的影响作用，但对影响途径的研究尚存在不足，特别是融入社会有关因素是否通过心理学途径等的间接作用影响心理健康还有待进一步验证。

鉴于此，本章采用全国八个市区大样本数据，通过构建定量统计模型，识别显著影响中国流动人口心理健康的融入社会有关因素，为城镇化高品质发展提供政策支持。

第3章 实证研究框架构建

3.1 理论研究框架构建

在国内外文献综述的基础上,本章提出了理论研究框架(图3-1)。影响流动人口心理健康的融入社会有关因素包括社会联系、文化适应和社会融合三方面。

社会联系的内涵包括社会联系频率,组织参与或出席频率,联系的互惠性、多重性、持续时间和亲密关系等。结合所用数据,主要研究社会联系的亲密关系和组织参与或出席频率两个方面,理论基础采用主效力模型,研究社会联系对心理健康的直接影响作用。

文化适应的内涵包括两个独立维度:主流文化参与程度和家乡文化保持程度。本章沿用Berry双向模型,根据流动人口在文化适应两个维度上的适应程度将其划分为四种文化适应状态,包括融合型文化适应状态、同化型文化适应状态、分离型文化适应状态和边缘化型文化适应状态,探究不同文化适应状态对流动人口心理健康的直接影响作用。

社会融合的内涵包括经济融合、文化适应、社会适应、结构融合和同化/身份认同维度五个方面,影响途径包括健康行为途径、心理学途径和生理学途径。本章主要探究社会融合对心理健康的直接影响作用和通过心理学途径的间接影响作用,其中将心理学途径考虑为归属感。

3.2 实证研究总体设计

基于理论研究框架,实证部分包括三个方面:验证流动人口社会联系对其心理健康的影响作用(第5章);验证流动人口文化适应对其心理健康的影响作用

第3章 实证研究框架构建

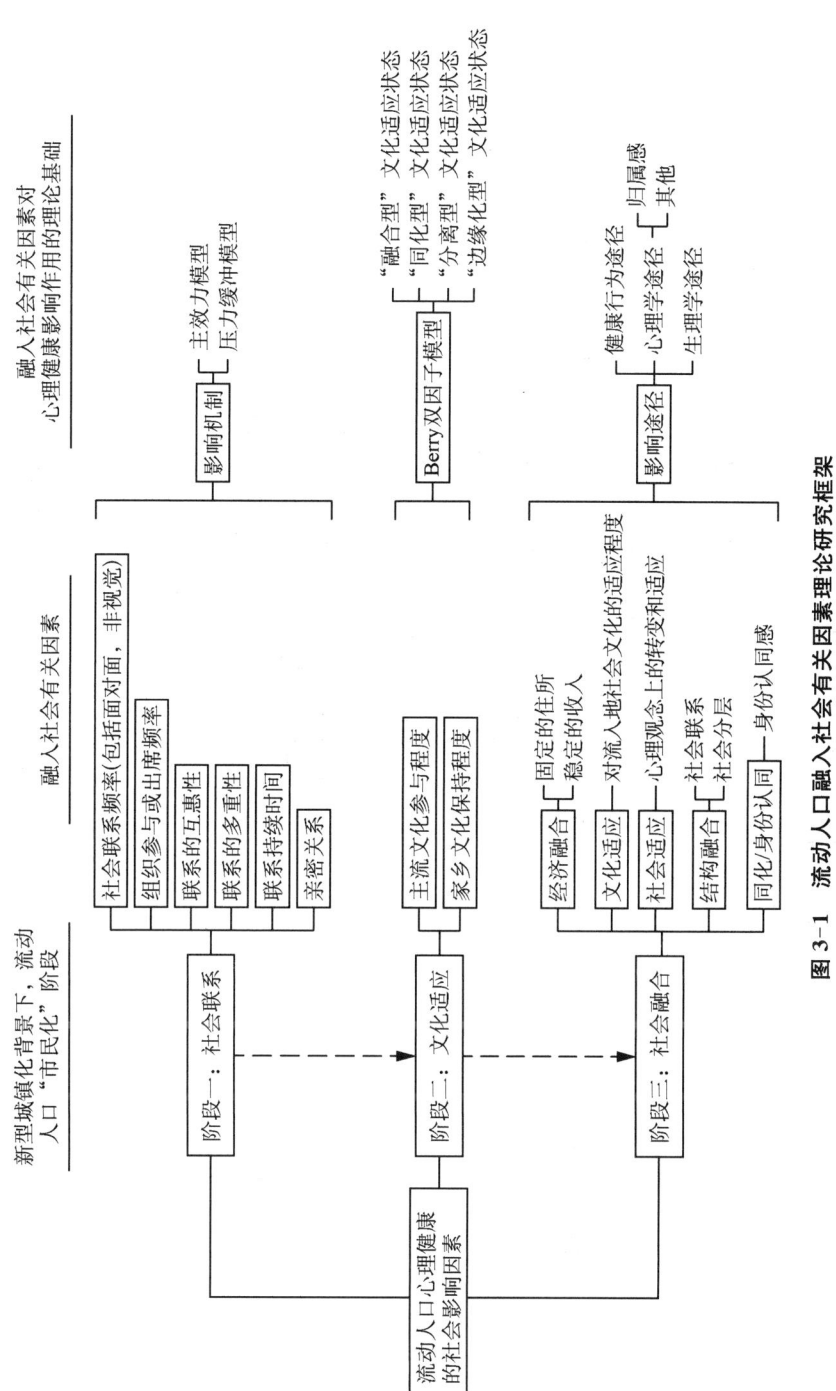

图 3-1 流动人口融入社会有关因素理论研究框架

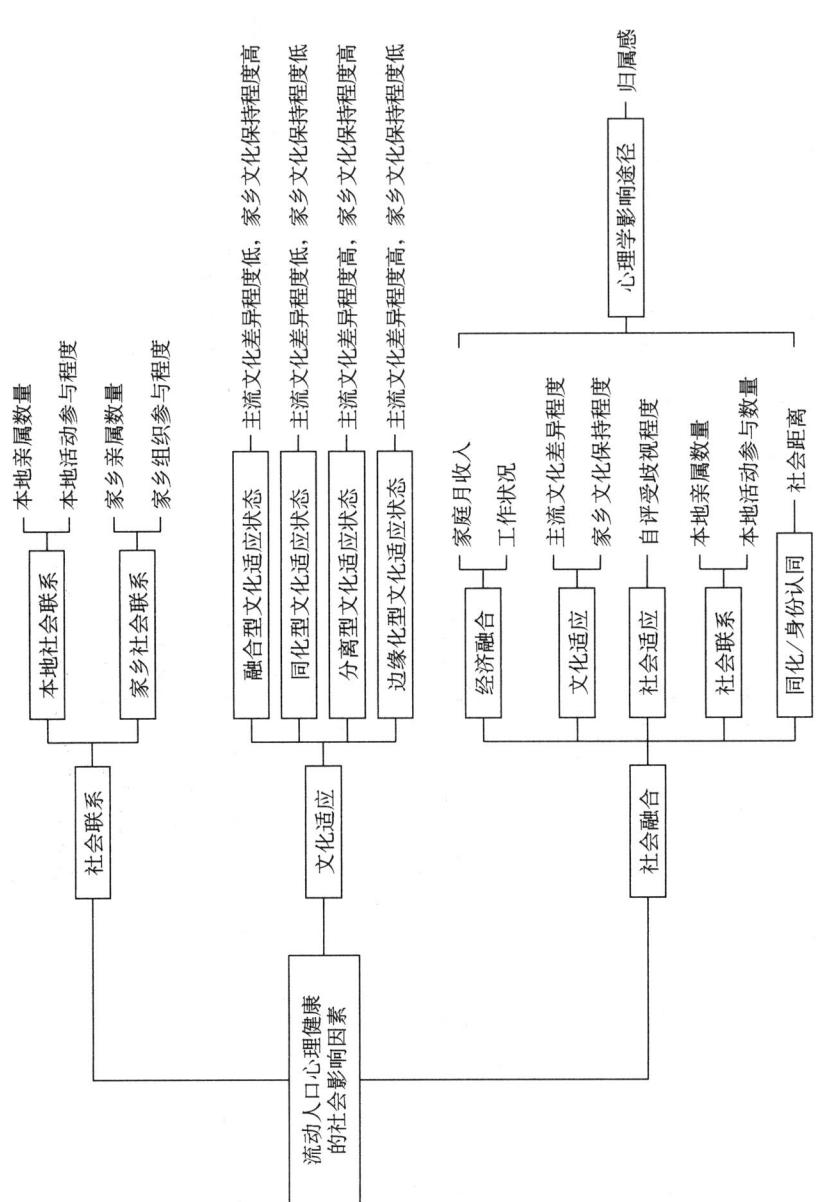

图 3-2 流动人口融入社会有关因素实证研究框架

(第6章);验证流动人口社会融合对其心理健康的影响作用(第7章),影响作用包括流动人口社会融合直接影响心理健康和通过提高归属感间接影响心理健康(图3-2)。

实证研究中的变量均来自2014年全国流动人口卫生计生动态监测调查数据。由于本书采用二手开放问卷,变量选取存在一定局限性,其中"5.3 社会联系的测量方法""6.3 文化适应的测量方法""7.3 社会融合的测量方法"和"7.4 中介变量的测量方法"对变量选取进行了详细说明。

3.3 流动人口概念界定和描述性统计

3.3.1 流动人口概念界定

流动人口一直是一个模糊的动态概念(张庆五,1988),不同文献、部门的定义口径不尽相同。本章采用2014年全国流动人口卫生计生动态监测数据进行定量分析,因此文中流动人口定义采用国家卫生计生委口径,将流动人口定义为在流入地城市居住超过一个月,非本区(县、市)户口的15~59周岁流入人口。

3.3.2 流动人口特征描述性统计

本节从流动人口流出地区域、流入地城市、工作地点、社区类型、现住房类型、个人社会经济特征和个人流动特征多个方面研究流动人口属性对其心理健康的影响作用,详细变量操作化方式见表3-1。

从流动人口的流动区域特征来看,已有研究发现,不同城市吸引的流动人口数量和属性不尽相同,根据2010年第六次人口普查的结果,经济大省和城市化率高的地区往往是接受流动人口最多的地区(叶裕民、黄壬侠,2004),比如广东、江苏、浙江、上海、北京,同时这五个区域也是跨省流动发生最频繁的区域,而省内流动发生较为频繁的地区主要为山东胶东半岛、福建沿海、湖北武汉地区,这些地区多为省内经济核心区域,因此能吸引更多的省内其他地区人进行省内流动,而吸引的跨省流动人口较少,河南、安徽、四川、湖南这几个人口大省多以

表 3-1 流动人口自身特征变量处理信息

变量	变量类型	问卷编号	对应问卷问题	变量处理
流动区域特征				
流出地	虚拟变量	101H	户籍地	根据国家统计局对经济区域的划分标准,将北京、天津、河北、上海、江苏、浙江、福建、山东、广东和海南归为东部,山西、安徽、江西、河南、湖北和湖南归为中部,内蒙古、广西、重庆、四川、贵州、云南、西藏、陕西、甘肃、青海、宁夏和新疆归为西部,辽宁、吉林和黑龙江归为东北部,并重新编码为4个虚拟变量
流动范围	虚拟变量	101J	本次流动范围	将101J的回答重新编码为1个虚拟变量,跨省流动为1,省内跨市和市内跨县为0
工作地点特征				
工作地点	虚拟变量	210	您现在工作地点在以下何种区域? 1. 市区;2. 城乡接合部;3. 县城;4. 乡镇;5. 农村;6. 其他	将210的回答重新编码为2个虚拟变量:1. 在城乡接合部工作为1,其他为0;2. 在农村工作为1,其他为0
社区特征				
社区类型	虚拟变量	508	您目前居住在什么样的社区中? 1. 别墅区或商品房社区;2. 经济适用房社区;3. 机关事业单位社区;4. 工矿企业社区;5. 未经改造的老城区;6. 城中村或棚户区;7. 城乡接合部;8. 农村社区;9. 其他	将508的回答重新编码为1个虚拟变量,是农村社区为1,否为0

(续表)

变量	变量类型	问卷编号	对应问卷问题	变量处理
邻居类型	虚拟变量	509	您的邻居主要是谁？1. 外地人；2. 本地市民；3. 外地人和本地人数量差不多；4. 不清楚	将509的回答重新编码为2个虚拟变量：1. 邻居主要为本地人为1，其他为0；2. 邻居本地人和外地人数量差不多为1，其他为0

现住房类型

变量	变量类型	问卷编号	对应问卷问题	变量处理
现住房类型	虚拟变量	219	您现住房属于下列何种性质？1. 租住单位/雇主房；2. 租住私房；3. 政府提供廉租房；4. 政府提供公租房；5. 单位/雇主提供免费住房（不包括就业场所）；6. 已购政策性保障房；7. 已购商品房；8. 借住房；9. 就业场所；10. 自建房；11. 其他非正规居所	将219的回答重新编码为2个虚拟变量：1. 已购住房：已购政策性保障房和已购商品房为1，其他为0；2. 租住私房：租住私房、租住单位或雇主房和借住房为1，其他为0

个人社会经济属性

变量	变量类型	问卷编号	对应问卷问题	变量处理
年龄	连续变量	101C	出生年月（请填写身份证上的出生日期）	根据问题101C的回答计算截至2014年，受访者的年龄大小
性别	虚拟变量	101B	性别：1. 男；2. 女	将问题101B的回答重新编码为虚拟变量，男性为1，女性为0
婚姻状况	虚拟变量	101G	婚姻状况（1999年6月及以后出生者跳问H）：1. 未婚；2. 初婚；3. 再婚；4. 离婚；5. 丧偶	将问题101G的回答重新编码为虚拟变量，初婚或再婚为1，未婚、离婚和丧偶为0
受教育程度	虚拟变量	101E	受教育程度（2008年6月及以后出生者跳问F）：1. 未上过学；2. 小学；3. 初中；4. 高中；5. 大学专科；6. 大学本科；7. 研究生	将问题101E的回答重新编码为虚拟变量，高中及以上为1，初中及以下为0

(续表)

变量	变量类型	问卷编号	对应问卷问题	变量处理
家庭月收入	连续变量	218	您家在本地平均每月总收入为多少元	将问题218的回答进行对数化处理,数值越高表示流动人口家庭平均月收入越高
工作状况	虚拟变量	203	您今年"五一"节前一周是否做过一小时以上有收入的工作(包括家庭或个体经营)？1.是；2.否	将问题203的回答为"是"的流动人口编码为1,否为0
户口	虚拟变量	101F	户口性质：1.农业；2.非农业；3.农业转居民；4.非农业转居民	将问题101F的回答重新编码为虚拟变量,非农业、农业转居民或非农业转居民为1,农村户口为0
自评社会经济地位	连续变量	526C	请根据自己的实际情况判断所在位置,填写数字。下面的梯子代表人们在社会中的地位高低。如果一个人收入最高、职业最好,就处在10；如果一个人收入最低、职业最差,就处在1 与全社会的人们相比,您处在哪个位置？	根据问题526C的回答,数值越高表示自评社会经济地位越高

(续表)

变量	变量类型	问卷编号	对应问卷问题	变量处理
自评受尊重程度	连续变量	526F	请根据自己的实际情况判断所在位置,填写数字。如果下面的梯子代表一个人受人尊重的程度。一个人最受人尊重,说话最管用,就处在 10;如果一个人完全不受人尊重,说话一点都不管用,就处在 1。与全社会的人们相比,您处在哪个位置?	根据问题 526F 的回答,数值越高表示自评受尊重程度越高

个人流动特征

流动时间	连续变量	101K	本次流动时间(进入流入地后,期间离开不超过一个月,再次返回时不作为一次新的流动)	根据问题 101K 的回答,数值越大表示流动时间越长
是否打算在流入地长期居住(5 年以上)	虚拟变量	220	您是否打算在本地长期居住(5 年以上)? 1. 打算;2. 不打算;3. 没想好	根据问题 220 的回答,将打算编码为 1,不打算或没想好编码为 0

人口输出为主,流入人口较少(李强,张海辉,2004)。此外,由于户籍政策和产业类型不同,不同省市吸引的流动人口种类也不尽相同,比如广东、江苏以及浙江吸引的人口多为外来农业人口,而北京吸纳的人口更多的是精英阶层和高档次劳动力(李强,张海辉,2004)。表3-2显示,33.95%的流动人口来自东部地区,34.22%的来自西部地区,仅有2.82%的流动人口来自东北地区。

在流动范围方面,54.82%的流动人口为跨省流动,41.48%为省内跨市,3.71%为市内跨县。从人口流出地来看,跨省流动的流动人口中,所占比例最大的流动人口来自四川(11.42%)和河南(10.69%)。省内跨市的流动人口主要来自河南(23.36%)、四川(22.47%)和山东(21.01%)。市内跨县的流动人口主要来自四川(36.59%)、山东(35.41%)和河南(23.78%)。从人口流入地来看,跨省流动主要流入地为北京(22.81%)和嘉兴(21.12%),省内跨市主要流入地为郑州(23.36%)、成都(22.47%)和青岛(21.01%)。市内跨县主要流入地为成都(36.59%)、青岛(35.41%)和郑州(23.78%)。

在流动人口的工作地点方面,大部分流动人口选择在流入地市区工作(49.96%),此外在城乡接合部工作的流动人口数量最多为2 523人(占比17.20%),同时也有13.84%的流动人口选择在农村工作。

在居住社区方面,在农村社区居住的流动人口占比最高为28.19%,其次为别墅区或商品房社区(17.13%)、城乡接合部(16.25%)等。在邻居类型方面,接近一半的流动人口(43.46%)其邻居主要为外地人;接近30%的流动人口其邻居一半是外地人,一半是本地居民;仅有20.65%的流动人口的邻居主要由本地市民构成。

在现住房类型方面,仅有9.13%的流动人口在流入地已购住宅,绝大多数流动人口(81.01%)租住私房。

在个人社会经济特征方面,样本中流动人口既包括农村到城市的流动人口(86%),也包括城市到城市的流动人口(14%)。具体而言,流动人口平均年龄较小,超过60%的流动人口属于新生代流动人口(出生年晚于1980年)。已有文献认为,相较于老生代流动人口,新生代流动人口的受教育程度更高,并有着更强烈的身份认同感(王春光,2001),更稳定(Zuhui,2008),在流入地居留意愿更强(Nepal, Tanton, Harding, 2010)。在婚姻状况方面,接近73%的流动人口已婚,同时超过90%的已婚流动人口携配偶一起流动。在受教育程度方面,和以往中国流动人口研究一致,数据显示流动人口受教育程度普遍偏低,大部分流动人口受教育程度以初中居多,占 50.53%;其次为高中,占 25.32%。超过 90% 的流动人口在流入地有固定工作,但 51% 的流动人口在本地家庭平均月收入少于 5 000 元。在自评社会经济地位和受尊重程度方面,26.59% 的流动人口自评社会经济地位高于 5 分,相对而言,36.98% 的流动人口自评受尊重程度高于 5 分。

在流动特征方面,流动人口平均流动时间为 6.25 年,同时超过一半(59.11%)的流动人口打算未来在流动地长期居住。

表 3-2 变量描述性统计

变量		最小值	最大值	平均值	标准差
流动区域特征	流出地				
	东部	0	1	0.34	0.47
	中部	0	1	0.34	0.47
	西部	0	1	0.29	0.45
	东北	0	1	0.03	0.17
	流动范围				
	跨省流动	0	1	0.55	0.50
工作地点特征	工作地点				
	在城乡接合部工作	0	1	0.16	0.36
	在农村工作	0	1	0.13	0.33
社区特征	社区类型				
	农村社区	0	1	0.28	0.45
	邻居类型				
	邻居主要为本地人	0	1	0.21	0.40
	邻居本地人和外地人数量差不多	0	1	0.29	0.46
现住房类型	现住房类型				
	已购住房	0	1	0.09	0.29
	租住私房	0	1	0.81	0.39

(续表)

	变量	最小值	最大值	平均值	标准差
个人社会经济属性	年龄	15	60	32.69	8.72
	性别（女为参照）	0	1	0.55	0.50
	婚姻状况（未婚为参照）	0	1	0.73	0.44
	受教育程度（初中及以下为参照）	0	1	0.40	0.49
	家庭月收入（对数）	5.3	12.61	8.56	0.59
	工作状况（无工作为参照）	0	1	0.92	0.28
	户口（农村户口为参照）	0	1	0.14	0.35
	自评社会经济地位	1	10	4.64	1.66
	自评受尊重程度	1	10	5.14	1.74
个人流动特征	流动时间	2	43	6.25	4.43
	是否打算在流入地长期居住（5年以上）	0	1	0.59	0.49

3.4 心理健康概念界定、测量与描述性统计分析

3.4.1 心理健康概念界定

世界卫生组织（World Health Organization，WHO）在2001年将"健康"定义为不仅仅是无疾病或羸弱，而是身体、心理和社会三方面的完全安宁和谐。由此，心理健康作为健康的重要维度备受关注，WHO进一步对"心理健康"做出定义如下：心理健康是一种良好的福祉状态，在这种状态下，人们能够了解自己的能力，处理生活中的一般性压力，卓有成效地完成工作，并对社区做出一定的贡献（Herrman, Saxena, Moodie, et al., 2005）。

3.4.2 心理健康测量方法

本章主要采用凯斯勒心理量表6项版（Kessler Psychological Distress

Scale,K6)来测量流动人口心理健康。这个K6量表主要针对普通人的非病理性心理问题(Jin,Wen,Fan,et al.,2012),并被广泛用于大样本心理健康调查,比如美国国民健康调查以及世界卫生组织的世界心理健康调查(World Mental Health,WMH)(Kessler,Green,Gruber,et al.,2010)。K6量表包含了在过去的30天中,受访者感到紧张、绝望、不安或烦躁、太沮丧以至于什么都不能让您愉快,做每一件事都很费劲,以及无价值的频率,答案分别为:0.全部时间;1.大部分时间;2.一部分时间;3.偶尔;4.无。分值越高表示心理健康程度越好,该量表信度为0.834(表3-3)。

表3-3 流动人口心理健康变量处理信息

变量	变量类型	问卷编号	对应问卷问题	变量处理
心理健康		603	下面的问题是询问您过去30天中的情绪。回答每一个问题时,请选出最能描述这种情绪的出现频率的数字。在过去30天中,您经常会感到……	
紧张	连续变量	603A	紧张?1.全部时间;2.大部分时间;3.一部分时间;4.偶尔;5.无	根据问题603A的回答,数值越大表示此维度心理健康程度越好
绝望	连续变量	603B	绝望?1.全部时间;2.大部分时间;3.一部分时间;4.偶尔;5.无	根据问题603B的回答,数值越大表示此维度心理健康程度越好
不安或烦躁	连续变量	603C	不安或烦躁?1.全部时间;2.大部分时间;3.一部分时间;4.偶尔;5.无	根据问题603C的回答,数值越大表示此维度心理健康程度越好
太沮丧以至于什么都不能让您愉快	连续变量	603D	太沮丧以至于什么都不能让您愉快?1.全部时间;2.大部分时间;3.一部分时间;4.偶尔;5.无	根据问题603D的回答,数值越大表示此维度心理健康程度越好
做每一件事都很费劲	连续变量	603E	做每一件事情都很费劲?1.全部时间;2.大部分时间;3.一部分时间;4.偶尔;5.无	根据问题603E的回答,数值越大表示此维度心理健康程度越好

(续表)

变量	变量类型	问卷编号	对应问卷问题	变量处理
无价值	连续变量	603F	无价值？1. 全部时间；2. 大部分时间；3. 一部分时间；4. 偶尔；5. 无	根据问题603F的回答，数值越大表示此维度心理健康程度越好

3.4.3 流动人口心理健康描述性统计分析

就心理健康而言，流动人口心理健康总分的实际得分范围为0～24分，平均值为20.58(表3-4)，也就是说大部分流动人口在过去30天内偶尔或者从未出现情绪问题。

表3-4 流动人口心理健康描述性统计

心理健康	最小值	最大值	平均值	标准差
紧张	0	4	3.18	0.78
绝望	0	4	3.73	0.59
不安或烦躁	0	4	3.21	0.71
太沮丧以至于什么都不能让您愉快	0	4	3.40	0.71
做每一件事都很费劲	0	4	3.35	0.71
无价值	0	4	3.70	0.64
以上六项加和	0	24	20.58	3.07

心理健康六项指标总和代表心理健康水平，作为后文实证章节的因变量指标。平均值表示心理健康平均水平，标准差显示数据的离散程度。流动人口在心理健康0～24的得分区间内有着相对较好的平均心理健康水平，大部分流动人口心理健康水平处于20.58±3.07的区间内。

第4章　不同空间层级上流动人口心理健康现状分析

4.1　流出地和流入地角度下流动人口心理健康状况分析

4.1.1　不同流出地流动人口的心理健康状况分析

已有研究发现,不同城市人们的心理健康水平存在一定的差异性(Peen, Dekker, Schoevers, et al., 2007),城市化率、城市规模(McKenzie, 2008)、人口密度(Vlahov, Galea, 2002)等因素都会导致城市居民呈现不同的心理健康状态。因此本章节对不同流出地和流入地的流动人口心理健康状况进行描述性分析,探究区域和城市因素是否会导致流动人口心理健康呈现差异性。

对我国不同流出地流动人口的心理健康平均值进行分析,结果显示,西藏自治区、香港、宁夏回族自治区和青海省流动人口心理健康状况较好,北京、辽宁省、内蒙古自治区和海南省的流动人口心理健康状况较差。四川省(16.93%)和河南省(16.43%)作为人口流出大省,流动人口的平均心理健康水平分别为20.53和20.41,均低于全样本流动人口平均心理健康水平(20.58)。

表4-1根据国家统计局对经济区域的划分标准,将北京、天津、河北、上海、江苏、浙江、福建、山东、广东和海南归为东部,山西、安徽、江西、河南、湖北和湖南归为中部,内蒙古、广西、重庆、四川、贵州、云南、西藏、陕西、甘肃、青海、宁夏和新疆归为西部,辽宁、吉林和黑龙江归为东北部。表4-1结果显示,来自东部地区的流动人口平均心理健康水平最高,而来自西部地区的流动人口平均心理健康水平最差。表4-2进一步对比了来自不同经济区域的流动人口心理健康水平是否存在统计学差异,结果显示,来自西部和中部的流动人口的平均心理健康

水平均显著差于来自东部的流动人口。这意味着从流出地角度看,流动人口存在着区域空间上健康不平等现象。

表 4-1 经济区域与流动人口心理健康统计

经济区域	心理健康		
	样本量	平均值	标准差
东部	5 431	20.78	3.06
中部	5 474	20.48	3.11
西部	4 640	20.45	3.00
东北	451	20.57	3.35

表 4-2 经济区域与流动人口心理健康平均值多重比较检验

经济区域	东部	中部	西部
中部	−0.294[a] (0.000)		
西部	−0.332 (0.000)	−0.037 (0.947)	
东北	−0.207 (0.595)	0.088 (0.952)	0.125 (0.878)

注:[a] 表示来自中部的流动人口心理健康平均数在 $\alpha=0.000$ 水平上,低于来自东部的流动人口 0.294 个单位。

4.1.2 不同流入地流动人口的心理健康状况分析

图 4-1 为流入地视角下流动人口心理健康箱线图,从图中可以看出,深圳市流动人口心理健康平均值最低为 13.36,其次为北京市流动人口(平均值为 13.45),嘉兴市流动人口心理健康状况最好,平均值为 15.00。箱线图同时展示了不同流入地城市流动人口的心理健康离散程度,北京市、青岛市和深圳市的离

散程度相对较大(四分位距 $IQR=11$),比如北京市 50% 的流动人口心理健康得分分布在 8~19 分之间,这表明同一流入地内部流动人口心理健康存在一定差异性。

本节将进一步对不同流入地城市化率、GDP(国民生产总值)、人均 GDP 和流动人口心理健康水平进行皮尔森相关性检验,结果显示流动人口心理健康与城市化率(相关系数$=-0.0667, p=0.000$)、GDP(相关系数$=-0.0590, p=0.000$)和人均 GDP(相关系数$=-0.0716, p=0.000$)有着极弱的负相关关系,这表明流动人口心理健康水平与流入地城市化水平几乎没有关系,但随着城市化率、GDP 和人均 GDP 的增长,流动人口心理健康有变差的趋势(图 4-2—图 4-4)。

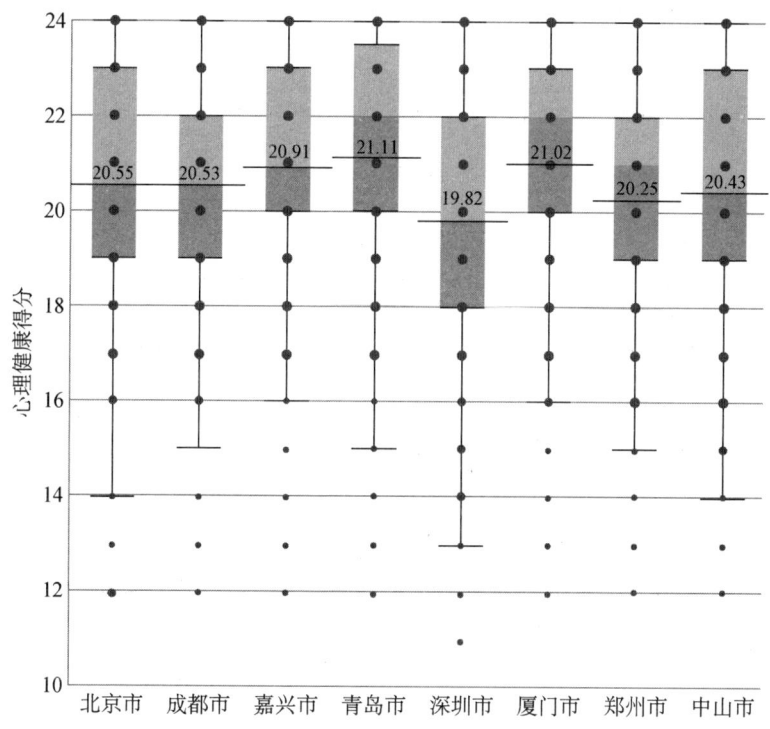

图 4-1　流入地视角下流动人口心理健康箱线

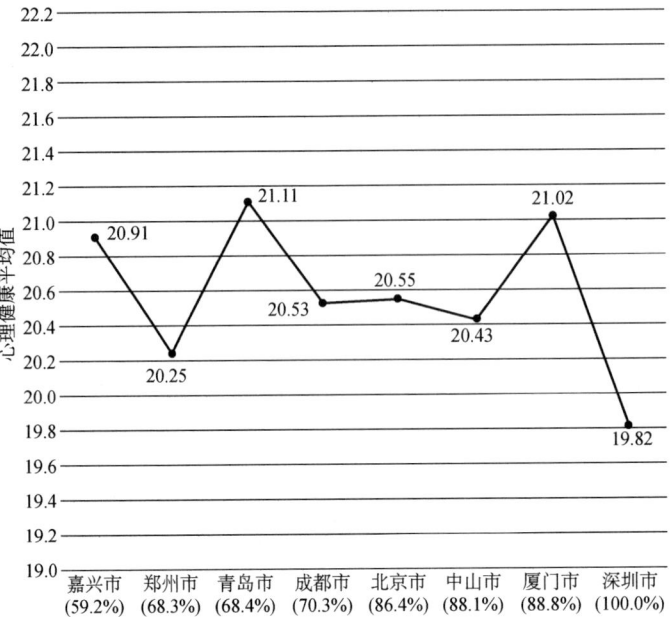

图 4-2 流入地城市化率与流动人口心理健康平均值关系

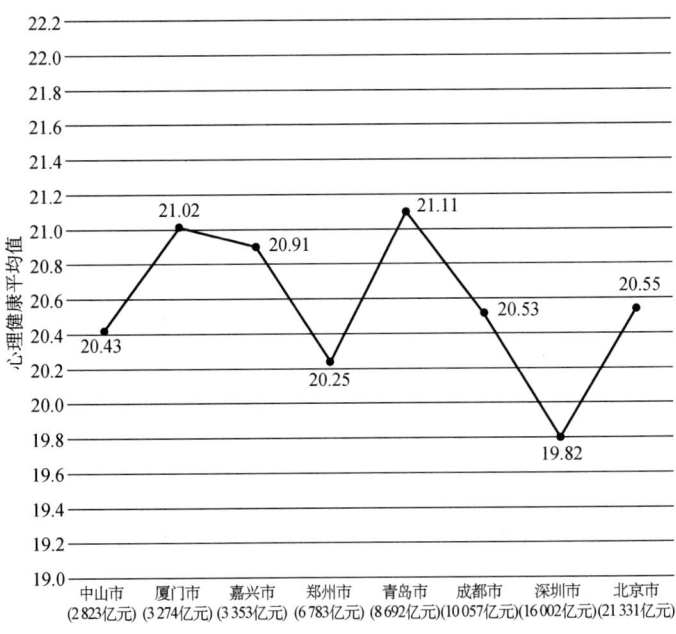

图 4-3 流入地 GDP 与流动人口心理健康平均值关系

第4章 不同空间层级上流动人口心理健康现状分析

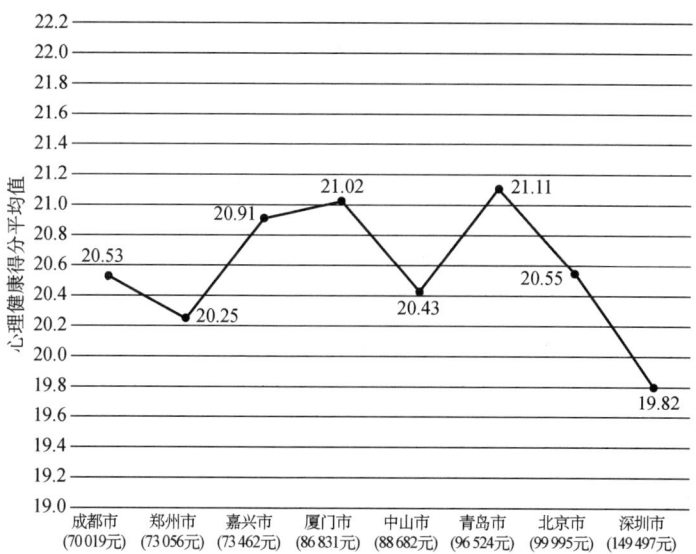

图 4-4　流入地人均 GDP 与流动人口心理健康平均值关系

4.1.3　流动人口本次流动范围与心理健康交叉分析

研究进一步对流动人口的流动范围与其心理健康进行分析，探究不同流动距离的流动人口心理健康是否存在差异。由表 4-3 看出，跨省流动的流动人口心理健康平均值最低，其次为省内跨市的流动人口，而市内跨县的流动人口有着相对最好的心理健康水平，这表明流动范围越大的流动人口普遍有着更差的心理健康水平。这一方面是因为跨行政区流动会加大流动人口的流动成本，增加

表 4-3　流动范围与流动人口心理健康统计

本次流动范围	心理健康		
	样本量	平均值	标准差
跨省流动	8 769	20.53	3.15
省内跨市	6 635	20.62	3.00
市内跨县	593	20.75	2.75

其心理压力,从而影响其心理健康;另一方面已有研究发现,省内流动人口有着更强的身份认同感(杨菊华,张娇娇,吴敏,2016),更容易融入流入地社会,从而有着更优的心理健康。

表 4-4 进一步对流动人口流出地区域和流动范围进行交叉分析,结果显示东部地区流动人口主要为省内跨市(66.18%),而中部、西部和东北地区流动人口主要为跨省流动。

表 4-4 流出地区域和流动范围交叉分析

流出地区域	跨省流动	省内跨市	市内跨县
东部	1 602[a] (29.5%)	3 594 (66.18%)	235 (4.33%)
中部	3 783 (69.11%)	1 550 (28.32%)	141 (2.58%)
西部	2 932 (63.19%)	1 491 (32.13%)	217 (4.68%)
东北	451 (100%)	0 (0%)	0 (0%)

注:[a] 表示样本数,括号内为样本数占总样本比例。

4.2 流动人口工作地点类型与流动人口心理健康状况分析

表 4-5 和图 4-6 对流动人口工作地点所在区域与其心理健康水平进行分析,并按距市中心远近对流动人口工作地点进行排序,可以看出在乡镇工作的流动人口有着最差的心理健康水平,其次为在市区工作的流动人口,在县城或城乡接合部工作的流动人口心理健康平均水平较好。表 4-6 进一步对工作地点所在区域进行多重比较检验,结果显示,在城乡接合部和农村工作的流动人口相较于在市区和乡镇工作的流动人口有着显著更优的心理健康水平。

表 4-5　工作地点所在区域与心理健康交叉分析

工作地点所在区域	心理健康		
	样本量	平均值	标准差
市区	7 328	20.46	3.14
城乡接合部	2 523	20.84	2.88
县城	549	20.87	2.78
乡镇	2 216	20.43	2.92
农村	2 030	20.78	3.11
其他	21	22.05	2.64

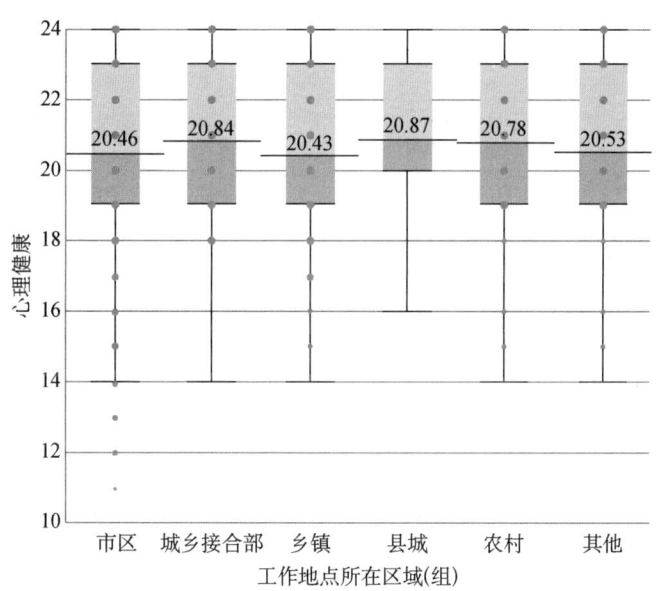

图 4-5　不同工作地点流动人口心理健康箱线

表 4-6　工作地点所在区域与心理健康多重比较检验

工作地点所在区域	市区	城乡接合部	县城	乡镇	农村
城乡接合部	0.383[a] (0.000)				
县城	0.404 (0.110)	0.021 (1.000)			
乡镇	−0.034 (0.999)	−0.417 (0.001)	−0.438 (0.105)		
农村	0.316 (0.004)	−0.067 (0.990)	−0.088 (0.996)	0.350 (0.016)	
其他	1.586 (0.338)	1.203 (0.661)	1.182 (0.692)	1.620 (0.317)	1.271 (0.605)

注：[a] 来自在城乡接合部工作的流动人口心理健康平均数在 $\alpha=0.000$ 水平上，高于在市区工作的流动人口 0.383 个单位。

4.3　流动人口居住地点特征与心理健康状况分析

4.3.1　社区类型与心理健康状况分析

表 4-7 对流动人口目前居住的社区类型和其心理健康状况进行分析，结果显示，居住在城中村或棚户区的流动人口心理健康普遍最差，而居住在城乡接合部的流动人口平均心理健康水平最好。

表 4-7　社区类型与心理健康交叉分析

目前居住的社区类型	心理健康		
	样本量	平均值	标准差
别墅区或商品房社区	2 740	20.71	3.24
经济适用房社区	680	20.25	3.14

(续表)

目前居住的社区类型	心理健康		
	样本量	平均值	标准差
机关事业单位社区	267	20.57	2.96
工矿企业社区	487	20.39	2.85
未经改造的老城区	2 438	20.73	3.03
城中村或棚户区	2 146	20.11	3.29
城乡接合部	2 599	20.76	2.83
农村社区	4 509	20.61	3.02
其他	131	19.94	2.69

已有研究认为空间关系和社会关系是相互作用的,并提出了空间的生产理论。该理论认为,人们和社会网络可以维护和塑造空间,同时空间也会反过来影响人们的社会关系和认同感(吴廷烨,刘云刚,王丰龙,2013)。这意味着流动人口会因为社区社会关系即邻里关系选择居住空间,同时社区类型也会影响流动人口社会关系的构成。因此,图4-6进一步交叉分析流动人口社区类型和其邻居类型,结果显示流动人口倾向于居住在外地人多的社区,比如居住在城中村或棚户区的流动人口中73.55%的人其邻居大多数为外地人。

4.3.2 住房类型与心理健康状况分析

表4-8分析流动人口现住房类型和其心理健康状况的关系,结果显示,居住在非正规居所(0.25%)、公租房(0.03%)、廉租房(0.45%)的流动人口平均心理健康状况最差,而居住在已购保障房(0.22%)和已购商品房(8.91%)的流动人口的平均心理健康状况则最好。

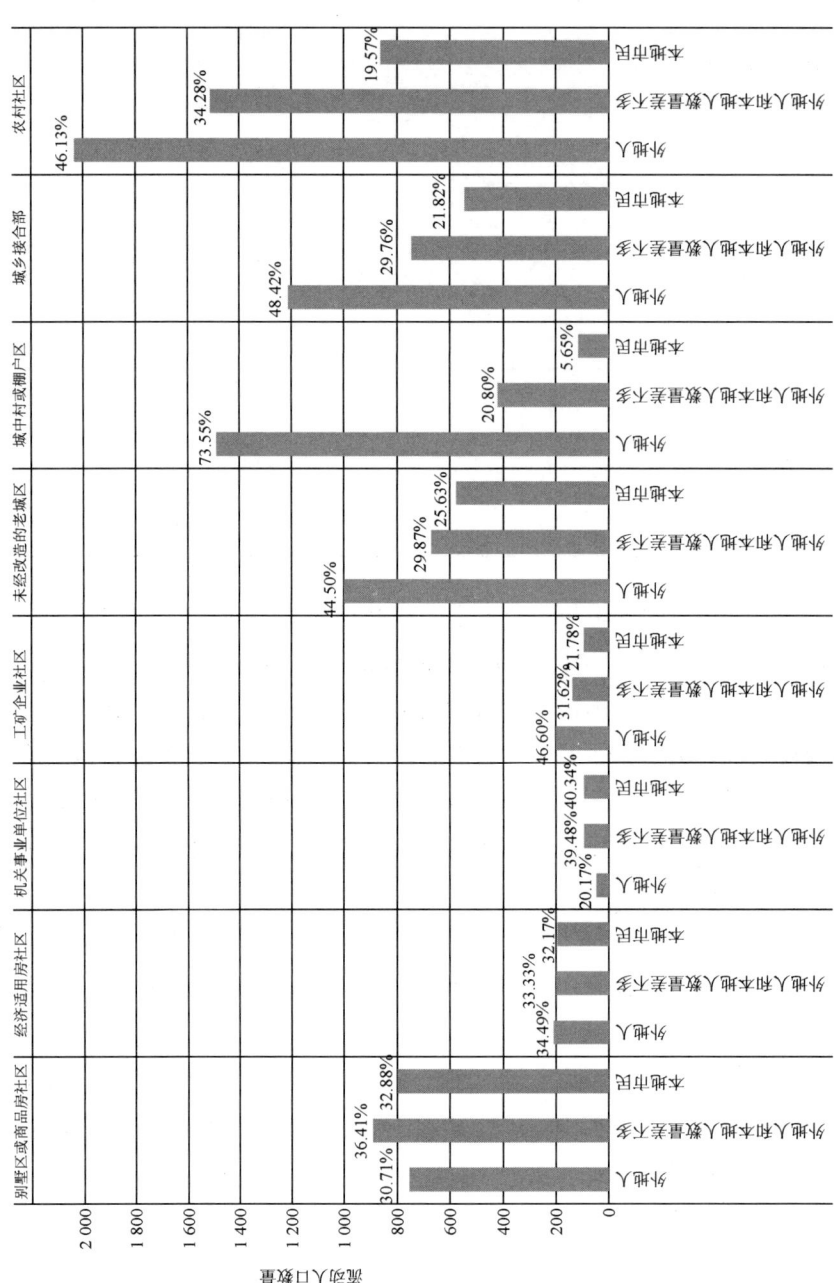

图 4-6 流动人口居住社区类型和邻居构成统计图

表 4-8 住房类型与心理健康交叉分析

目前居住的住房类型	心理健康		
	样本量	平均值	标准差
租住单位/雇主房	1 171	20.24	3.05
租住私房	11 177	20.57	3.09
政府提供廉租房	72	20.19	3.38
政府提供公租房	4	19.50	3.11
单位/雇主提供免费住房	1 663	20.48	2.98
已购政策性保障房	35	21.49	2.47
已购商品房	1 425	21.03	2.92
借住房	119	20.32	2.92
就业场所	167	20.78	3.19
自建房	124	20.28	3.61
其他非正规居所	40	19.68	3.26

4.3.3 社区和住房类型与心理健康状况交叉分析

雷克斯和摩尔提出的"住房阶级论",将住房来源分为六类:整套房子拥有者、拥有整套房子但需要抵押者、租赁公房者、租住私房者、贷款买房但用租金还债者和租住临时住所者,其理论认为不同住房类型群体居住在城市空间中的不同区位(杨菊华,张娇娇,吴敏,2016)。根据此理论,表4-9进一步将流动人口按社区类型和住房类型进行交叉分析,并对社区类型和住房类型进行重分类。将社区类型分为城市社区(包含别墅区或商品房社区、经济适用房社区、机关事业单位社区和工矿企业社区)、未经改造的老城区、城中村或棚户区、城乡接合部、农村社区和其他,将住房类型分为已购住房(包括已购政策性保障房和已购商品房)、租住公房(包含政府提供廉租房和政府提供公租房)、租住私房(包含租住私房、租住单位或雇主房和借住房)、单位/雇主提供免费住房、就业场所、自建房和其他非正规居所。表 4-9 显示已购住房的流动人口大部分居住在城市社区(74.38%),租住公房的流动人口数量较少并主要居住在城市社区(86.84%),租住私房的流动人口在不同社区分布比较均匀。

表 4-9 社区类型与现住房类型交叉分析

目前居住的社区类型	已购住房	自建房	单位/雇主提供免费住房	租住公房	租住私房	就业场所	其他非正规居所	汇总
城市社区	1 086	3	526	66	2 431	46	16	4174
未经改造的老城区	135	7	213	1	2 034	47	1	2 438
城中村或棚户区	31	40	58	1	1 996	17	3	2 146
城乡接合部	96	9	264	2	2 207	18	3	2 599
农村社区	104	64	586	6	3 694	39	16	4 509
其他	8	1	16	0	105	0	1	131
汇总	1 460	124	1 663	76	12 467	167	40	15 997

图 4-7 进一步对不同社区中不同住房类型的流动人口平均心理健康进行分析,颜色越深的柱状图表示该住房类型占所在社区类型比例越高。从整体来看,当不考虑其他类型社区和其他非正规居所时,居住在老城区中的已购住房流动人口平均心理健康水平最高,其次为同样居住在老城区中的租住公房和居住在城中村或棚户区的就业场所的流动人口心理健康水平较高。而在城中村或棚户区中租住公房的流动人口平均心理健康水平最差,其次为在城乡接合部租住公房的流动人口。从各个社区内部来看,结果显示住在未经改造的老城区的流动人口有着最优的心理健康平均水平,住在城中村或棚户区的流动人口平均心理健康水平最差。具体而言,城市社区中自建房和已购住房的流动人口心理健康水平较高,未经改造的老城区中已购住房和租住公房的流动人口有着较好的心

理健康水平,城中村或棚户区住在就业场所中的流动人口心理健康水平较好,对城乡接合部而言住在自建房和就业场所的流动人口心理健康水平更高,在所有住在农村社区的流动人口中住在单位/雇主提供的免费住房和已购住房的流动人口心理健康水平较好。

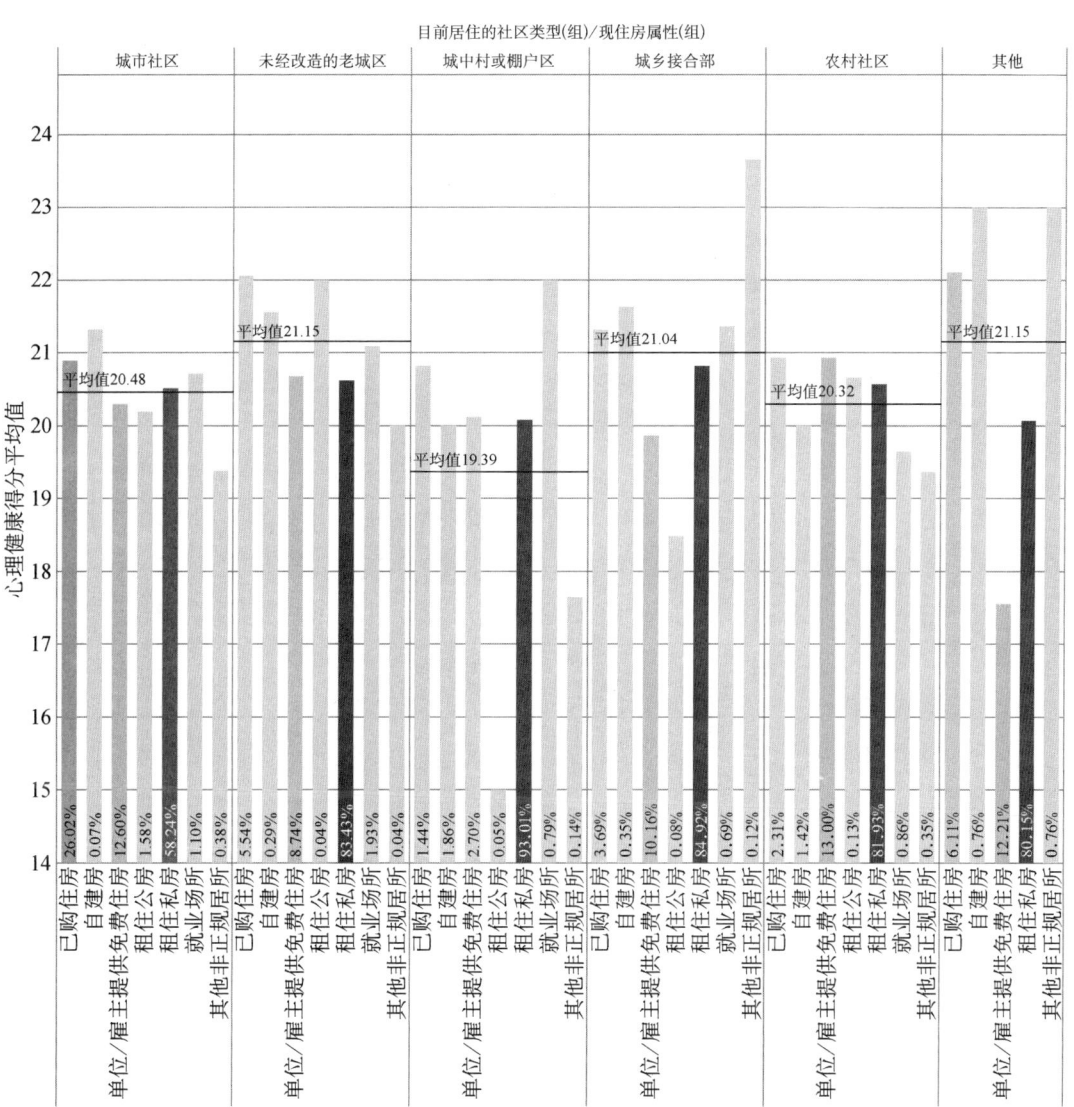

图4-7 不同社区和住房类型流动人口平均心理健康柱状图
(深色柱状表示此住房类型在该社区占比较高)

4.4　小结

本章从流出地区域、流入地城市、工作地点、社区类型和现住房属性等多个空间层级对流动人口心理健康进行描述性分析,结果显示流动人口心理健康状况在不同空间存在一定差异性,因此如何减少流动人口的健康不平等现象应该得到更多的关注。

首先,在流出地区域层级上,健康不平等已经在城市、农村、东部、中西部等区域得到证实(朱慧劼,风笑天,2018),本章节对不同流出地流动人口心理健康进行分析,结果发现来自西部和中部的流动人口的平均心理健康水平均显著比来自东部的流动人口差。通过对流出地区域和流动人口流动范围的交叉分析看出,东部区域的流动人口主要为省内流动,而中部、西部和东北的流动人口主要为跨省流动。

其次,在流入地城市层级上,通过对不同流入地流动人口心理健康进行分析,结果显示不同流入地城市流动人口平均心理健康水平存在差异,青岛市流动人口平均心理健康最好,而深圳市流动人口平均心理健康最差。研究同时发现虽然流入地城市发展程度与流动人口心理健康没有显著相关关系,但随着城市化率、GDP 和人均 GDP 的增长,流动人口心理健康有变差的趋势。此外通过对流动人口工作地点与心理健康的描述性分析可以看出在城乡接合部和农村工作的流动人口相较于在市区和乡镇工作的流动人口有着显著更优的心理健康水平。

最后,本章从流动人口居住社区类型和现住房类型两个方面研究流动人口居住空间与其心理健康的关系,结果发现居住在城乡接合部的流动人口平均心理健康水平最好,同时已购住房的流动人口也有着更优的平均心理健康水平。

因此,在后续实证研究中,流动人口流出地区域特征、流入地城市特征、工作地点、社区特征和现住房类型应作为控制变量纳入实证模型中,并进一步探究以上因素和流动人口"市民化"不同阶段的关键融入社会有关因素,包括社会联系、文化适应和社会融合对流动人口心理健康的影响作用。

第 5 章 探究流动人口的社会联系对心理健康的影响作用

5.1 研究设计

本章探究社会联系对流动人口心理健康的影响作用(图 5-1),根据 Jin,Wen,Fan 等(2012)的研究框架,在户口制度的约束下,流动人口想要在流入地定居是很困难的,只能很频繁地在家乡和流入地之间往返,而且很大一部分流动人口最终还是会回到家乡。因此,考虑到中国流动人口在流入地和流出地之间的摇摆性和流动性,我们首先从流动人口本地社会联系和家乡社会联系两方面研究社会联系对其心理健康的影响作用。其次,中国流动人口家乡社会联系大多基于其血缘和地缘关系,因此家乡社会联系同质性较高,而这种基于地缘的同质性对其心理健康的影响作用还有待进一步探究。因此,本章也将流动人口家乡组织参与程度考虑进模型中。

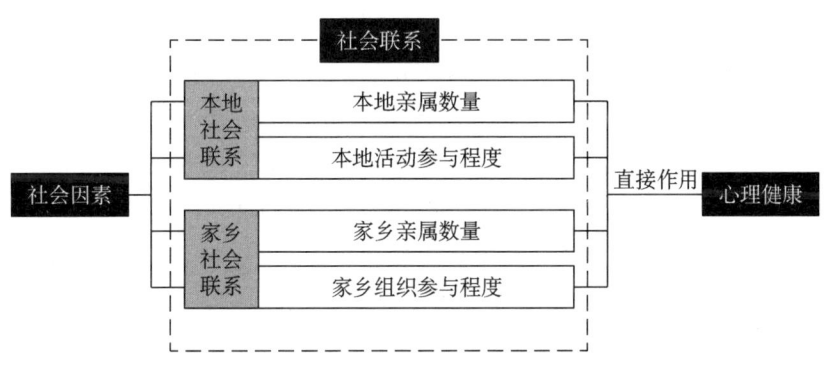

图 5-1 社会联系与心理健康研究框架

5.2 研究假设

(1) 流动人口本地社会联系和家乡社会联系是否对其心理健康有着积极的影响作用？其影响作用是否存在差异性？

(2) 同质性社会联系是否对流动人口心理健康有着积极的影响作用？

5.3 社会联系的测量方法

本章沿袭 Jin，Wen，Fan 等(2012)的研究框架，将社会联系分为本地社会联系和家乡社会联系。综合理论和数据，本次研究中本地联系的衡量指标采用本地亲属数量和本地活动参与程度测量，本地亲属在流动人口进入流入地时可以提供大量的社会支持，带来较多社会资源，从而使得流动人口一开始能在流入地扎稳脚跟并获得进一步的发展，这种基于亲属的联系能帮助流动人口更好地适应新环境(Browning，Rodriguez，1982)，同时已有文献也证实参与社会活动和扩展社会网络对解决心理健康问题十分重要(Eide，Røysamb，2002)。本地亲属数量指标根据受访者回答"请谈谈您本人、配偶和子女(包括在本地、老家和其他地方的)以及与您在本地同住的家庭其他成员的情况"中现居地为本地的亲属数量累计加和。本地组织参与程度根据受访者 2013 年在流入地参与的社会活动数量进行累计加和，数量越多表示流动人口本地活动参与程度越高。

家乡联系测量指标包括家乡亲属数量和家乡组织参与程度。已有研究发现家乡亲属联系的数量与流动人口回乡的频率是相关联的，因此尽管家乡联系的数量并不能完全衡量流动人口在家乡的社会联系，但用其衡量也是合理的(Jin，Wen，Fan，et al.，2012)。家乡亲属数量指标根据受访者回答"请谈谈您本人、配偶和子女(包括在本地、老家和其他地方的)以及与您在本地同住的家庭其他成员的情况"中现居地为老家的亲属数量累计加和。已有文献证明流动人口在流入地参加同乡人的社会或者经济活动也有助于保持家乡社会联系(Jin，Wen，Fan，et al.，2012)，同时，这种基于地缘的社会联系也会体现流动人口社会联系的同质性。家乡组织参与程度根据受访者在流入地参加家乡组织数量进行累计加和,数量越多表示流动人口家乡组织参与程度越高(表5-1)。

表 5-1 流动人口社会联系变量处理信息

变量	变量类型	问卷编号	对应问卷问题	变量处理
本地社会联系				
本地亲属数量	连续变量	101	请谈谈您本人、配偶和子女(包括在本地、老家和其他地方的)以及与您在本地同住的家庭其他成员的情况	对问题101中现居地为本地的亲属数量进行累计加和
本地活动参与程度	连续变量	513A-F	2013年您参加过以下哪些活动?(如果刚来,问今年情况)(多选,提示。1. 参加过;2. 没参加过) A. 社区文体活动;B. 社会公益活动;C. 选举活动(村/居委会、工会选举);D. 评优活动;E. 业主委员会活动;F. 居委会管理活动	将问题513A-F本地活动参与数量累计加和,数值越高,表示流动人口社会活动参与程度越高
家乡社会联系				
家乡亲属数量	连续变量	101	请谈谈您本人、配偶和子女(包括在本地、老家和其他地方的)以及与您在本地同住的家庭其他成员的情况	对问题101中现居地为老家的亲属数量进行累计加和
家乡组织参与程度	连续变量	512D,E,G	您目前在本地是否是以下组织的成员?(多选,提示。1. 是;2. 否) D. 同学会;E. 家乡商会组织;G. 老乡会	根据问题512 D,E,G的回答,将组织参与数量加和,数值越大家乡组织参与程度越高

表5-2的结果显示,51.68%的流动人口在流入地有1~2个亲属。数据结果也显示流动人口的流入地社会活动参与程度较低,62.72%的流动人口在流入地没有参加过本地活动。在家乡亲属方面,72.24%的流动人口在户籍地没有核心家庭成员,97.28%的流动人口在户籍地的核心家庭成员少于3人。此外,流动人口在流入地参与的家乡组织活动也同样较少,81.32%的流动人口在流入地

没有参加家乡组织活动。因此对比本地联系,流动人口在流入地的家乡联系较弱,同时其家乡社会联系的同质性也较弱。

表 5-2 流动人口社会联系描述性统计

变量		最小值	最大值	平均值	标准差
本地社会联系	本地亲属数量	0	9	2.41	1.17
	本地活动参与程度	0	6	0.66	1.04
家乡社会联系	家乡亲属数量	0	7	0.44	0.80
	家乡组织参与程度	0	3	0.25	0.56

5.4 实证模型

已有研究证明城市层面因素比如城市规模、人口密度等都会作用于人与人之间的社会联系(Pan, Ghoshal, Krumme, et al., 2013)。对于中国流动人口而言,由于不同城市对流动人口的推力和拉力并不相同,城市因素也会进一步作用于流动人口的本地社会联系和家乡社会联系。

因此,我们采用分层线性回归模型来验证我们的研究假设,分为个人和城市两个层面来研究流动人口社会联系对其心理健康的影响作用。分层线性模型又称为多层线性模型、混合效应模型、随机效应模型、随机系数回归模型和协方差成分模型等,通常用来处理分层嵌套式的数据,具体指高一层结构的数据嵌套第一层级的数据(张力为,2002)。分层线性回归模型通过对数据进行分层,使得研究者可以在不同数据层级上提出不同的研究假设,并验证多个层级自变量对因变量的综合作用。

在本章研究中,因变量为流动人口心理健康,模型分为个人和城市两个层级,其中个人层级自变量包括流动人口在本地的亲属数量、本地活动参与程度、在家乡的亲属数量和家乡组织参与程度,个人层级控制变量包括流动区域特征、工作地点特征、社区特征、现住房类型、个人社会经济属性和个人流动特征。控制变量包括流出地所属经济区域、跨省流动、工作地点、社区类型、邻居类型、现住房类型、年龄、性别、婚姻状况、家庭月收入、工作状况、受教育程度、户口、自评社会经济地位、自评受尊重程度、流动时间和居留意愿（Allen，2014；Valenciagarcia，Simoni，Alegría，et al.，2012；Roosa，Weaver，White，et al.，2009；Marmot，2004；Belle，1990；Alarcón，Rodríguez，Benavides，et al.，1999；Takeuchi，Zane，Hong，et al.，2007）。城市层级包括八座城市，采用固定效应分层模型，因此城市层级不再另设自变量。

$$Y_{ij} = \beta_0 + \beta_1 X_{ij} + u_j + r_{ij} \tag{5-1}$$

$$\beta_{0j} = \gamma_{00} + \gamma_{01} W_j + u_{0j} \tag{5-2}$$

$$\beta_{1j} = \gamma_{10} + \gamma_{11} W_j + u_{1j} \tag{5-3}$$

式中　Y——因变量，即心理健康；
　　　β_0——截距；
　　　X——第一层面自变量，即个人层面自变量；
　　　W——第二层次城市层面自变量；
　　　i——个体；
　　　j——城市。

5.5　模型结果分析与讨论

模型结果部分证实了我们的研究假设（表 5-3），社会联系对心理健康有着显著的影响作用，同时本地社会联系和家乡社会联系对流动人口心理健康的影响作用存在一定差异性。

表 5-3 显示本地亲属联系对流动人口心理健康有着积极的影响作用，而家乡亲属数量则无显著影响作用。对比模型 2 和模型 4 进一步可以看出当控制了家乡社会联系后，本地亲属数量对流动人口心理健康的影响作用显著。众多研究证实亲属关系能有效提升其心理健康，亲属关系作为亲密关系的重要组成部分往往给人们提供大量的物质、情感等社会支持，并帮助流动人口在流入地扎稳脚跟并获得进一步的发展，这种基于流入地的本地亲属联系能帮助移民更好地适应新环境（Browning，Rodriguez，1982；Israel，1982；Bassuk，Mickelson，

Bissell, et al., 2002)。比如 Cheung(2014)针对中国随迁子女心理健康的研究发现,对随迁子女而言,和父母同住对其心理健康有着显著的积极影响作用,在其研究中社会联系被当作压力缓冲作用缓解被迫害经历对心理健康的消极影响作用。而在家乡亲属联系方面,我们的研究结果显示家乡亲属数量并不影响流动人口心理健康。但部分研究发现本地亲属和朋友数量对上海流动人口心理健康无显著影响,而家乡亲属和朋友数量则对心理健康有显著的积极影响作用,其研究认为家乡联系可以产生积极的社会比较,使得流动人口有更高的自评社会经济地位(Jin, Wen, Fan, et al., 2012)。但我们的研究结果发现,当控制了流动人口的家乡亲属联系后,流动人口自评社会经济地位或者自评受尊重程度对其心理健康的影响作用并无显著变化。

表 5-3 分层回归模型结果

变量		模型 1	模型 2	模型 3	模型 4
社会联系	本地亲属数量		0.051		0.08*
	本地活动参与程度		−0.189***		−0.149***
	家乡亲属数量			0.01	0.066
	家乡组织参与程度			−0.349***	−0.285***
流动区域特征	流出地所属经济区域(东部为参照):中部	0.029	0.037	0.025	0.029
	西部	−0.168*	−0.153	−0.171*	−0.161
	东北	−0.129	−0.126	−0.145	−0.137
	跨省流动	−0.017	−0.012	−0.016	−0.01
工作地点特征	在城乡接合部工作	0.152*	0.119	0.129	0.105
	在农村工作	0.169	0.159	0.146	0.14
社区特征	社区类型 农村社区	−0.165*	−0.19*	−0.172*	−0.195**
	邻居类型 邻居主要为本地人	0.169*	0.188**	0.186**	0.195**
	邻居本地人和外地人数量差不多	0.301***	0.306***	0.307***	0.311***

(续表)

	变量	模型1	模型2	模型3	模型4
现住房类型	已购住房	0.17	0.17	0.139	0.145
	租住私房	0.077	0.054	0.049	0.036
个人社会经济属性	年龄	0.003	0.003	0.002	0.001
	性别(女为参照)	0.026	0.017	0.035	0.026
	婚姻状况(未婚为参照)	0.101	0.041	0.08	−0.039
	家庭月收入(对数)	0.164**	0.138**	0.187***	0.156**
	工作状况(无工作为参照)	−0.03	0.019	−0.008	0.035
	受教育程度(小学及以下为参照)	−0.232***	−0.196***	−0.212***	−0.18**
	户口(农村户口为参照)	−0.19*	−0.174*	−0.181*	−0.161*
	自评社会经济地位	0.176***	0.18***	0.181***	0.184***
	自评受尊重程度	0.129***	0.132***	0.129***	0.131***
个人流动特征属性	流动时间	0.011	0.009	0.011	0.009
	是否打算在流入地长期居住(5年以上)(否为参照)	0.144**	0.141**	0.156**	0.152**
	常数项	17.358***	17.563***	17.243***	17.437***
	城市层面 sd(_cons)估计标准差	0.308	0.344	0.306	0.340
	Sd(Rsediual)估计标准差	2.992	2.986	2.986	2.982
	Chibar2(01)	110.04	138.86	109.65	133.89
	Log likelihood	−40 222.039	−40 191.845	−40 189.435	−40 170.077
	ICC	0.010 5	0.013 1	0.010 4	0.012 8

注:1. * $p<0.05$;** $p<0.01$;*** $p<0.001$。
2. 结果来自于依据八个市/区的固定斜率,随机截距的分层线性回归,因变量为心理健康。

在组织活动方面,流动人口在流入地参加社会活动会损害其心理健康,同时参与家乡社会组织这一基于地缘的同质性社会联系也对流动人口心理健康有着消极的影响作用,这一模型结果有悖于我们的研究假设。以往很多研究发现流动人口在流入地倾向于居住在流动人口聚集的地区,根据同类互助原则,流动人口通过和原有家乡社会中的关系网络互动形成同质性社会联系从而保持其以往的社会资源,通过互惠作用促进其在流入地的社会融合,并提高其心理健康(Ibarra,1993;van Kemenade,Roy,Bouchard,2006;Louch,2000;曹子玮,2003)。但我们的研究结果却发现同质性社会联系也会损害流动人口心理健康,具体而言,流动人口在流入地参与社会组织数量每增加1个单位,其心理健康就降低 0.285 个单位($p=0.000$)。Kawachi 和 Berkman(2001)指出此类参与组织活动形成的弱关系不会产生紧密的社会联系,并因此无法提升心理健康。此外,最近一些研究发现当移民社会网络中同种族朋友占比增大会对其社会融合产生消极影响(Ling,2016;Green,Tigges,Diaz,1999),从而对其心理健康也会产生消极影响。在已有研究的基础上,我们的模型结果为同质性社会联系带给心理健康的消极影响作用提供了实证。

在控制变量方面,仅有社区特征、个人社会经济属性和个人流动特征属性对流动人口心理健康有显著影响作用。在社区方面,模型结果显示在控制了个人社会经济属性的情况下,居住在农村社区的流动人口心理健康仍显著差于其他流动人口。此外,模型结果也发现流动人口和本地居民混居对其心理健康有着显著的积极影响作用,已有研究发现相较于和亲属以及和家乡人的社会联系,流动人口增加和本地居民的社会联系可以减少社会歧视,促进流动人口社会融入,并带来经济机会(Yue,Li,Jin,et al.,2013;Lancee,2010;Mouw,2002)。

在个人社会经济属性和流动特征方面,流动人口的年龄、性别、婚姻状况、工作状况和流动时间对流动人口心理健康无显著影响作用,而家庭月收入程度、受教育程度(熊青,2006)、户口、自评社会经济地位、自评受尊重程度和居留意愿对流动人口心理健康均有显著影响作用。

分层回归模型结果(表 5-3)也表明,城市因素在研究流动人口社会联系与心理健康的实证研究中的组内相关系数(ICC)为 1.28%,而个体层面因素的组内相关系数为 98.72%。这表明相较于城市因素,个体因素对流动人口心理健康的影响作用更大。

5.6 小结

本章将社会联系分为本地社会联系和家乡社会联系,分别探究其对流动人口心理健康的影响作用,研究结果发现本地亲属联系对流动人口心理健康有着积极的影响作用,但参加流入地或家乡组织活动对流动人口的心理健康有消极的影响作用。此外,不同城市流动人口心理健康存在一定差异性,但相较于流动人口的社会联系和其他相关个体层面因素,城市因素对流动人口心理健康的影响作用较低。

已有研究认为流动和迁移本身不会给移民们的心理健康带来威胁,真正影响移民心理健康的是流动和迁移所带来的附加风险因素和压力(Jayasuriya, Sang, Fielding, 1992),比如 Vega, Kolody, Valle(1987)指出移民在流动过程中主要经历了四次压力冲击,第一次是原始家庭结构和社会支持联系的破碎,以及熟悉的社会文化结构发生变化;第二次是做出迁移决定带给移民的压力以及迁移自身带来的时间、距离等困难和压力;第三次是在流入地重建社会角色(social role),包括社会支持关系和经济独立;第四次是对流入地社会经济条件是否满意。对中国流动人口而言,流动的一个首要消极影响是破坏了家庭完整性,大多数流动人口因为经济或制度等因素将核心家庭成员留在流出地(Jin, Wen, Fan, et al., 2012),亲属陪伴的缺失往往会导致家庭成员减少亲属间的互惠和社会支持,导致情感负担加重,从而给流动人口心理健康带来显著的消极影响作用(Lu, 2012);其次,中国流动人口频繁地在家乡和流入地间往返,导致其仍然同时拥有家乡社会联系和本地社会联系,这进一步加大了其社会角色的复杂性。我们的模型结果也显示参加家乡组织活动这一基于地缘关系的同质性家乡社会联系不益于流动人口心理健康,朱力(2002)也指出流动人口基于地缘建立起的以初级群体为基础的社会网络会阻碍其对城市的认同和归属。

此外,我们的模型结果也证实流动人口在流入地居住社区特征显著影响其心理健康,居住在农村社区的流动人口有着显著更差的心理健康水平。流动人口和本地居民混居对流动人口心理健康有着显著的积极影响作用,不同于流动人口和同乡或同学建立起来的组内关系,在一个多样性的社区环境里流动人口更有机会形成组间关系,因此缓解了同质化的趋势,组间关系能帮移民更好地融入并且获得更好的个人经济、社会和文化目标(Ling,2016),并带来提升健康的资源和机会(Cattell,2001)。

  流动人口带来的劳动力转移是促进中国城市化进程加快和经济中高速增长的重要动力来源(王培安,2015),因此如何保持流动人口在流入地的健康成为城镇化面临的问题之一。本书进一步从社会联系的角度提出应促进流动人口在流入地的社会联系并减少家乡联系对其心理健康的消极影响作用,同时本书进一步强调流动人口居住社区特征,包括社区类型和邻居构成对其心理健康的影响作用。

第6章　探究流动人口的文化适应对心理健康的影响作用

6.1　研究设计

本章围绕流动人口文化适应与其心理健康的影响关系进行研究(图6-1)。Hunt，Schneider，Comer(2004)指出文化适应问题的产生包括四方面先决条件：文化差异、可分辨的文化群体、文化接触和文化改变。对中国而言，城市和乡村有着不同的文化脉络和社会结构，在此基础上形成了一定的文化差异(赵园媛，2009)。因此，当流动人口进入城市时，他们不仅面临经济和社会方面的挑战，还不得不努力适应流入地新的主流文化(Rogler，Cortes，Malgady，1991)。因此，众多研究者认为中国流动人口往往面临着和国际移民一样的文化适应问题(邱培媛，杨洋，吴芳，等，2010；Gui，Berry，Zheng，2012)。

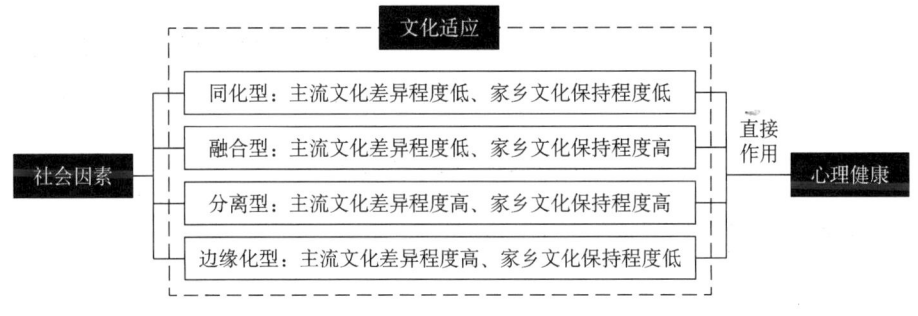

图6-1　文化适应与心理健康研究框架图

6.2　研究假设

(1) Berry的文化适应双向模型是否适用于中国流动人口？

(2) 文化适应状态是否影响中国流动人口的心理健康?

6.3 文化适应的测量方法

虽然文化适应没有一种确切的测量方法(Zane,Mak,2003),在众多移民文化适应与心理健康的实证分析中,大部分研究者会基于 Berry 的双向模型,从个体的文化态度和行为偏好两方面,具体包括对主流文化的接触和参与程度以及对家乡文化的保持程度两个维度来测量移民的文化适应程度(J. W. Berry, Kim, Minde et al., 1987a; J. W. Berry, 1980; 程菲,李树苗,悦中山,2015; Gui, Berry, Zheng, 2012)。

本章的主流文化差异程度采用自评文化差异程度量表测量,该量表通过分别测量"卫生习惯差异""衣着打扮差异""教育理念或养老观念""社会问题"来对比受访者家乡文化和主流文化的差异程度,根据回答从"非常同意有较大差异"到"非常不同意有较大差异"分别赋值 1~5 分,量表信度为 0.87。家乡文化保持程度采用家乡文化保持程度量表(Zagefka, Brown, 2002; 悦中山,2011),该量表包含四个方面内容:"遵守家乡的风俗(比如婚、丧、嫁、娶的风俗)""按照家乡的习惯办事""我的孩子应该学会说家乡话""保持家乡的生活方式(如饮食习惯)"。对受访者的重要程度,根据受访者对"遵守家乡文化比较重要"的同意程度,从"非常不同意"到"非常同意"分别赋值 1~5 分,量表信度为 0.80(表 6-1)。

表 6-1 流动人口文化适应变量处理信息

变量	变量类型	问卷编号	对应问卷问题	变量处理
主流文化差异程度		516	您是否同意以下观点? 1. 非常同意;2. 同意;3. 既不同意也不反对;4. 不同意;5. 非常不同意	
我的卫生习惯与本地市民存在较大差别	连续变量	516E	我的卫生习惯与本地市民存在较大差别	根据问题 516E 的回答,数值越大表示流动人口此维度主流文化差异程度越小

(续表)

变量	变量类型	问卷编号	对应问卷问题	变量处理
我的衣着打扮与本地市民存在较大差别	连续变量	516F	我的衣着打扮与本地市民存在较大差别	根据问题516F的回答,数值越大表示流动人口此维度主流文化差异程度越小
我的教育理念或养老观念与本地市民存在较大不同	连续变量	516G	我的教育理念或养老观念与本地市民存在较大不同	根据问题516G的回答,数值越大表示流动人口此维度主流文化差异程度越小
我对一些社会问题的看法与本地市民存在较大差别	连续变量	516H	我对一些社会问题的看法与本地市民存在较大差别	根据问题516H的回答,数值越大表示流动人口此维度主流文化差异程度越小
家乡文化保持程度			您是否同意以下观点？ 1. 非常同意；2. 同意；3. 既不同意也不反对；4. 不同意；5. 非常不同意	
遵守家乡的风俗（比如婚、丧、嫁、娶的风俗）对我来说比较重要	连续变量	516A	遵守家乡的风俗（比如婚、丧、嫁、娶的风俗）对我来说比较重要	将问题516A根据回答从"非常同意"到"非常不同意"分别赋值5～1分,进行累计加和。数值越高,表示流动人口此维度家乡文化保持程度越高
按照家乡的习惯办事对我来说比较重要	连续变量	516B	按照家乡的习惯办事对我来说比较重要	将问题516B根据回答从"非常同意"到"非常不同意"分别赋值5～1分,进行累计加和。数值越高,表示流动人口此维度家乡文化保持程度越高

(续表)

变量	变量类型	问卷编号	对应问卷问题	变量处理
我的孩子应该学会说家乡话	连续变量	516C	我的孩子应该学会说家乡话	将问题516C根据回答从"非常同意"到"非常不同意"分别赋值5~1分,进行累计加和。数值越高,表示流动人口此维度家乡文化保持程度越高
保持家乡的生活方式(如饮食习惯)对我来说比较重要	连续变量	516D	保持家乡的生活方式(如饮食习惯)对我来说比较重要	将问题516D根据回答从"非常同意"到"非常不同意"分别赋值5~1分,进行累计加和。数值越高,表示流动人口此维度家乡文化保持程度越高

结果显示流动人口和流入地主流文化差异程度较低,差异主要在教育理念、养老观念和对社会问题的看法上,同时大部分流动人口仍较大程度保留家乡文化,尤其是在遵守家乡的风俗方面(表6-2)。

表6-2 流动人口文化适应状态描述性统计

文化适应状态	最小值	最大值	平均值	标准差
我的卫生习惯与本地市民存在较大差别	1	5	3.61	0.86
我的衣着打扮与本地市民存在较大差别	1	5	3.71	0.80
我的教育理念或养老观念与本地市民存在较大差别	1	5	3.54	0.88
我对一些社会问题的看法与本地市民存在较大差别	1	5	3.57	0.87
主流文化差异程度(以上四项加和求平均值)	1	5	3.61	0.72

(续表)

文化适应状态	最小值	最大值	平均值	标准差
遵守家乡的风俗(比如婚、丧、嫁、娶的风俗)对我来说比较重要	1	5	3.86	0.80
按照家乡的习惯办事对我来说比较重要	1	5	3.66	0.81
我的孩子应该学会说家乡话	1	5	3.62	0.88
保持家乡的生活方式(如饮食习惯)对我来说比较重要	1	5	3.49	0.83
家乡文化保持程度(以上四项加和求平均值)	1	5	3.66	0.66

6.4 实证模型

流动人口的文化适应既受到宏观层面上不同城市的影响作用,又受到个体层面上不同流动人口自身因素的影响,是流动人口和流入地双向作用的结果。首先,在宏观层面上流入地城市的主流社会文化特征、流出地家乡社会文化特征以及流入地和流出地之间的文化差异都会对流动人口文化适应状态产生影响作用。其次,流动人口自身的社会经济属性和流动特征也会影响其对流入地文化和家乡文化的吸收和保持。

因此本节探究流动人口文化适应与心理健康关系,首先根据 Berry 的理论模型提出融合、同化、分离和边缘化四种文化适应状态,采用聚类分析方法将中国流动人口分类,并采用分层回归模型探究城市间和个体间差异对流动人口心理健康的影响作用。

6.4.1 聚类分析

大部分研究在对 Berry 的理论模型进行实证时采用以下两种分类或聚类

方式:

(1) 固定原点,手动分类。使用这种方法的研究者大多指定量表的中点、中位数或平均值为原点,将研究对象手动分为四组,比如悦中山(2011)采用5级Likert量表测量农民工"家乡文化保持程度"和"现代性",并分别选取3分和2分作为划分文化适应状态的分界线。

(2) 聚类分析。K-means和K-mediam是较为常用的聚类分析方法,通过统计软件将研究对象分为四种类型(Berry, Phinney, Sam, et al., 2006; Costigan, 2006)。这种方法通常首先设定要创建的聚类的数目,其次通过迭代计算将样本中最接近平均数的组进行聚类。比如Rojas, Navas, Sayans-Jiménez等(2014)使用K-means聚类方法将西班牙和罗马尼亚移民分为四类,并研究其文化适应问题。

因此本节采用K-means聚类方法,根据流动人口自评主流文化差异程度和家乡文化保持程度将流动人口聚类为四种文化适应状态。

6.4.2 分层回归模型

对不同市区而言,主流文化与流动人口家乡文化差异并不相同,同时不同城市针对流动人口的文化政策存在一定差异,因此不同城市流动人口的文化适应状况并不完全相同(Zagefka, Brown, 2002),在同一个城市内人们的相似性可能大于不同城市间人们的相似性(Marmot, Allen, Bell, et al., 2012)。传统的多元线性回归模型不能完全解释所有的因城市层面因素造成的组间差异,因此我们采用分层线性回归模型,按个人和城市这两个层面来研究文化适应与心理健康的内在影响作用。

具体而言,个人层级自变量为流动人口文化适应状态,个人层级控制变量包括流动区域特征、工作地点特征、社区特征、现住房类型、个人社会经济属性和个人流动特征。控制变量包括流出地所属经济区域、跨省流动、工作地点、社区类型、邻居类型、现住房类型、年龄、性别、婚姻状况、家庭月收入、工作状况、受教育程度、户口、自评社会经济地位、自评受尊重程度、流动时间和居留意愿。城市层级包括八个城市,采用固定效应分层模型,因此城市层级不再另设自变量。

$$Y_{ij} = \beta_0 + \beta_1 X_{ij} + u_j + r_{ij} \qquad (6-1)$$

$$\beta_{0j} = \gamma_{00} + \gamma_{01} W_j + u_{0j} \qquad (6-2)$$

$$\beta_{1j} = \gamma_{10} + \gamma_{11} W_j + u_{1j} \qquad (6-3)$$

式中　Y——因变量,心理健康;

　　　β_0——截距;

　　　X——第一层面自变量即个人层面自变量;

　　　W——第二层次城市层面自变量;

　　　i——个体;

　　　j——城市。

6.5　模型结果分析与讨论

6.5.1　聚类结果分析

本章依据 Berry 理论模型,使用 K-means 聚类将流动人口按照主流文化差异程度和家乡文化保持程度聚类为四类人群,融合型流动人口数量最多,其次为同化型和分离型,人数最少的为边缘化型(表 6-3 和图 6-2)。表 6-4 和表 6-5 进一步采用 ANOVA 方法检验四种文化适应状态人群的心理健康水平是否存在差异,首先结果显示融合型流动人口心理健康水平最好,而边缘化型流动人口心理健康水平最差。聚类分析结果和 ANOVA 检验结果证实了我们的研究假设,Berry 的双向文化适应模型适用于中国流动人口。

此外,不同文化适应状态的流动人口呈现出不同的特征,表 6-4 结果显示处于融合型文化适应状态的流动人口有着最好的心理健康水平,此类型流动人口中户籍地为西部地区的流动人口比例相对于其他类型最多,而来自东北部的最少。在工作地点方面,融合型流动人口在城乡接合部工作的比例最高,并且最多比例的融合型流动人口有固定工作,并有着最高的自评社会经济地位和自评受尊重程度。此外,在四种文化适应状态的流动人口中,融合型流动人口的流动时间最长。

表 6-3 流动人口文化适应聚类结果

文化适应状态		样本量	最小值	最大值	平均值	标准差
融合型	主流文化差异程度	5 695	3.50	5.00	4.02	0.37
	家乡文化保持程度	5 695	3.75	5.00	4.14	0.39
同化型	主流文化差异程度	4 519	3.50	5.00	4.10	0.32
	家乡文化保持程度	4 519	1.00	3.50	3.06	0.42
分离型	主流文化差异程度	3 016	1.00	3.25	2.59	0.54
	家乡文化保持程度	3 016	2.75	5.00	4.12	0.41
边缘化型	主流文化差异程度	2 767	1.00	3.50	3.07	0.33
	家乡文化保持程度	2 767	1.00	3.75	3.13	0.33

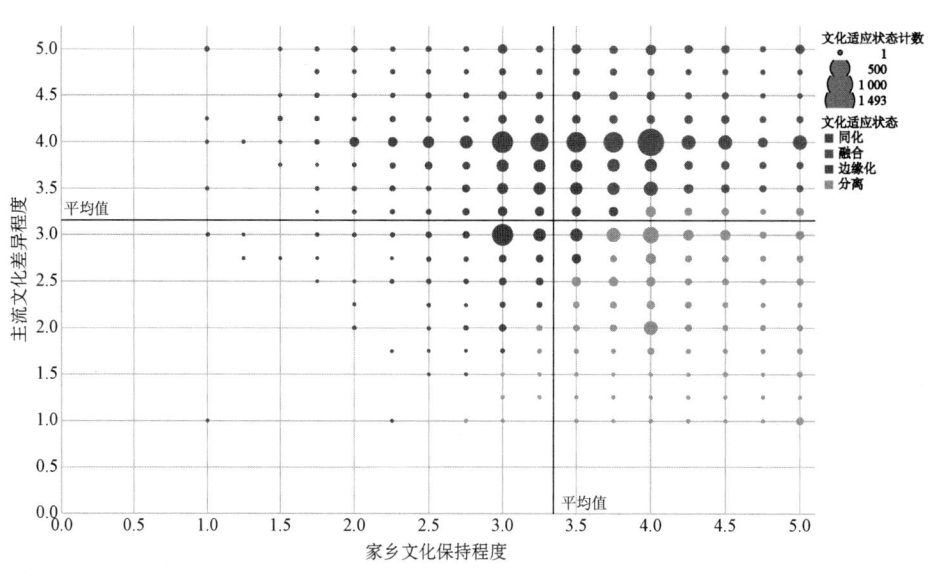

图 6-2 流动人口文化适应聚类图

表6-4 流动人口不同文化适应状态组间差异分析

变量			融合型	同化型	分离型	边缘化型
心理健康			20.999[ab]	20.912	19.874***	19.922***
流动区域特征	流出地所属经济区域	东部	0.327	0.368***	0.310	0.350*
		中部	0.332	0.323	0.372***	0.362**
		西部	0.319	0.274***	0.295*	0.253***
		东北	0.022	0.035***	0.023	0.035**
		跨省流动	0.524	0.468***	0.671***	0.594**
工作地点特征	在城乡接合部工作		0.170	0.144***	0.143**	0.170
	在农村工作		0.135	0.100***	0.160**	0.117*
社区特征	社区类型	农村社区	0.307	0.227***	0.329*	0.269***
	邻居类型	邻居主要为本地人	0.202	0.261***	0.150***	0.189
		邻居本地人和外地人数量差不多	0.311	0.313	0.247***	0.282**
现住房类型	已购住房		0.087	0.132***	0.058***	0.072*
	租住私房		0.812	0.782***	0.836**	0.824
个人社会经济属性	年龄		33.245	31.777***	33.756*	31.879***
	性别(女为参照)		0.551	0.533	0.561	0.564
	婚姻状况(未婚为参照)		0.748	0.707***	0.771*	0.696***
	家庭月收入(对数)		8.570	8.589	8.568	8.509***
	工作状况(无工作为参照)		0.925	0.924	0.898***	0.910*
	受教育程度(小学及以下为参照)		0.371	0.482***	0.330***	0.405**
	户口(农村户口为参照)		0.124	0.181***	0.107*	0.143*
	自评社会经济地位		4.740	4.691	4.555***	4.441***
	自评受尊重程度		5.267	5.231	4.998***	4.900***

(续表)

变量		融合型	同化型	分离型	边缘化型
个人流动特征属性	流动时间	6.393	6.265	6.182*	6.033***
	是否打算在流入地长期居住(5年以上)(否为参照)	0.608	0.647***	0.521***	0.541***

注：1. * $p<0.05$；** $p<0.01$；*** $p<0.001$。
2. a 平均值。
3. b 方差分析(ANOVA)被用来检验不同文化适应状态流动人口的在心理健康、人口、社会属性和流动特征间的差异性。

表 6-5 多元方差分析检验系数

统计检验	统计量	自由度	显著性
Wilks' lambda	0.897 8	3	0.000 0
Pillai's trace	0.104 4		0.000 0
Lawley-Hotelling trace	0.111 3		0.000 0
Roy's largest root	0.083 1		0.000 0

对同化型文化适应状态的流动人口而言，和其他三类文化适应状态流动人口相比，其户籍地为东部和东北部的占比最高，中部的占比最低，跨省流动占比最低。同化型流动人口在农村工作和居住的占比也最低，同时其邻居中本地人占比最高。在现住房方面，相较于其他类型流动人口，同化型流动人口已购住房比例最高，租住私房比例最低。在个人社会经济属性方面，同化型流动人口平均年龄最小，女性占比最高，并有着最高的家庭月收入和受教育程度，同时城市户口占比也最高。在流动特征属性方面，同化型流动人口中打算在流入地长期居住的占比最高。

分离型流动人口在四种文化适应状态流动人口中有着最差的平均心理健康水平，此类型中户籍地为东部地区的占比最低，户籍地为中部地区的占比最高，此外跨省流动人口占比也最高。在工作地点方面，相对于其他三种类型的流动人口，分离型流动人口中在城乡接合部工作的流动人口占比最低，在农村工作的占比最高。同时分离型流动人口在农村社区居住的比例也最高，并且其邻居中本地人占比也最低。在住房类型方面,分离型流动人口中在流入地购房比例最低,租住私房比例最高。在个人社会经济属性方面,分离型流动人口平均年龄最大,已婚人口占比最高,但同时失业率也最高,受教育程度最低,农村户口占比最高和自评受尊重程度最低,并有着最低的居留意愿。

边缘化型流动人口中户籍地为西部的流动人口占比为四种文化适应状态流动人口中最少的,户籍地为东北部的占比最高。在工作地点方面,边缘化型流动人口在城乡接合部工作的流动人口占比相对于其他类型而言最高。在个人社会经济属性方面,相较于其他类型流动人口,边缘化型流动人口中男性占比最高,未婚最多,家庭月收入最少,自评社会经济地位最低且流动时间最短。

6.5.2 分层回归模型结果分析

分层回归模型进一步以融合型流动人口为参照组,探究在控制其他相关变量后,同化型、分离型和边缘化型文化适应状态流动人口心理健康差异。模型结果显示,城市层面估计标准差与零之间的距离几乎达到四个标准误,且似然比检验结果确证此随机截距模型显著优于只含固定效应的线性回归模型,这表明城市间差异对流动人口心理健康有着显著影响。城市间差异解释总体模型方差的 0.86%,个体间差异解释总体模型方差的 90.14%(表 6-6)。图 6-3 进一步揭示了分层回归模型对应的八个随机截距(随机效应的最佳线性无偏估计值,BLUPS),每一个截距对应一个城市。随机截距表示了因变量心理健康的平均水平在不同城市的流动人口之间系统性更高或更低的可能性。因此,图 6-3 的结果表明深圳市流动人口心理健康相对更差,而青岛市流动人口有着相对更优的心理健康水平。

表 6-6 分层回归模型结果

变量		系数	标准误	95%置信区间	
文化适应	融合型	0.935***	0.070	0.796 9	1.071 1
	同化型	0.885***	0.073	0.742 3	1.027 1
	分离型	−0.716	0.079	−0.226	0.083

(续表)

变量			系数	标准误	95%置信区间	
流动区域特征	流出地所属经济区域(东部为参照):中部		0.043	0.076	−0.106 0	0.192 0
	西部		−0.15	0.083	−0.311 9	0.011 8
	东北		−0.134	0.155	−0.436 8	0.169 8
	跨省流动		0.03	0.074	−0.116 2	0.175 3
工作地点特征	在城乡接合部工作		0.15*	0.070	0.013 8	0.286 2
	在农村工作		0.206*	0.089	0.031 3	0.379 9
社区特征	社区类型	农村社区	−0.198**	0.072	−0.340 2	−0.056 4
	邻居类型	邻居主要为本地人	0.124	0.067	−0.006 3	0.254 4
		邻居本地人和外地人数量差不多	0.252***	0.056	0.141 4	0.362 3
现住房类型	已购住房		0.109	0.116	−0.118 3	0.336 8
	租住私房		0.066	0.080	−0.091 9	0.223 1
个人社会经济属性	年龄		0.005	0.003	−0.001 6	0.011 9
	性别(女为参照)		0.053	0.048	−0.041 7	0.147 4
	婚姻状况(未婚为参照)		0.094	0.073	−0.049 3	0.236 3
	家庭月收入(对数)		0.133**	0.049	0.035 9	0.229 8
	工作状况(无工作为参照)		−0.08	0.090	−0.255 4	0.096 0
	受教育程度(小学及以下为参照)		−0.26***	0.054	−0.367 1	−0.153 7
	户口(农村户口为参照)		−0.219**	0.074	−0.364 8	−0.073 2
	自评社会经济地位		0.171***	0.018	0.136 6	0.206 0
	自评受尊重程度		0.114***	0.017	0.081 2	0.147 5
个人流动特征属性	流动时间		0.01	0.006	−0.001 8	0.021 4
	是否打算在流入地长期居住(5年以上)(否为参照)		0.099	0.053	−0.004 8	0.202 0
	常数项		17.170***	0.431	16.324 1	18.015 5

(续表)

	变量	系数	标准误	95％置信区间	
随机效应系数	城市层面：sd(_cons)	0.276[a]	0.075	0.162	0.468
	sd(Residual)	2.959[b]	0.017	2.927	2.992
	LR test vs. linear model：chibar2(01)＝81.25	Prob＞＝chibar2＝0.000 0			
	ICC	0.008 6			

注：1. $* p < 0.05$；$** p < 0.01$；$*** p < 0.001$。
2. [ab]估计标准差。
3. 结果来自依据八个市/区的固定斜率随机截距的分层线性回归，因变量为心理健康。

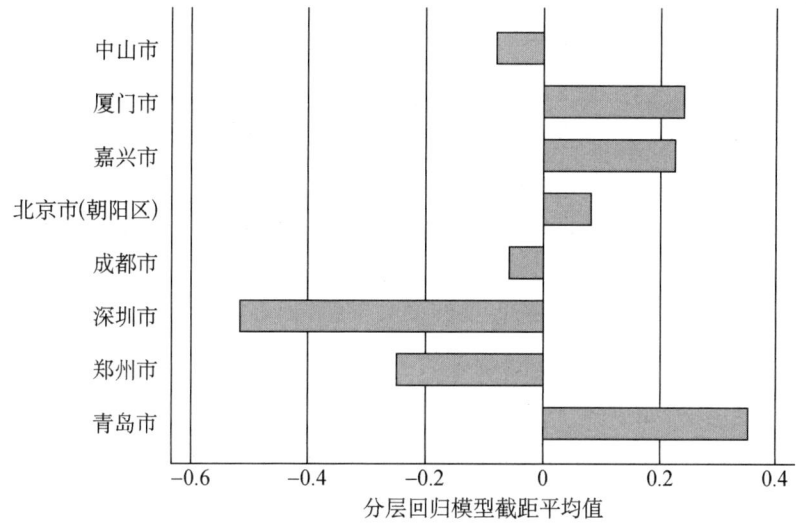

图 6-3 不同城市分层回归模型截距

此外，模型结果（表 6-7）显示对中国流动人口而言，相较于边缘化型文化适应状态，融合型和同化型文化适应状态流动人口有着更好的心理健康水平。而融合型和同化型之间无显著差异，分离型和边缘化型之间无显著差异。这意味着流动人口主流文化差异程度越低，其心理健康越好，而家乡文化保留程度对流动人口心理健康并无显著影响作用。

表 6-7　不同文化适应状态回归系数对比

文化适应状态	融合型	同化型	分离型	边缘化型
融合型		0.049 (0.060)	1.006*** (0.068)	0.934*** (0.070)
同化型	−0.049 (0.060)		0.956*** (0.072)	0.885*** (0.073)
分离型	−1.006*** (0.068)	−0.956*** (0.072)		−0.072 (0.079)
边缘化型	−0.934*** (0.070)	−0.885*** (0.073)	0.072 (0.079)	

注：1. * $p<0.05$；** $p<0.01$；*** $p<0.001$。
2. 结果来自依据八个市/区的固定斜率随机截距的分层线性回归，因变量为心理健康，模型同样考虑了控制变量。

在控制变量方面，不同于第 5 章社会联系与心理健康的分层回归模型结果，在控制了流动人口文化适应状态后，工作地点对流动人口心理健康起到显著影响作用，而个人流动特征的影响作用则不再显著，同时社区特征和个人社会经济属性对心理健康仍有显著影响作用。模型结果显示，在城乡接合部和农村工作的流动人口均有着显著更好的心理健康水平，但在农村居住的流动人口其心理健康水平则显著更差，此外相较于其他类型社区的邻居构成，流动人口在本地人和外地人数量差不多的社区中更有着显著更优的心理健康水平。

在个人社会经济属性方面，收入越高、有固定工作、受教育程度越低、自评社会经济地位和自评受尊重程度越高的流动人口其心理健康水平越高，这和已有研究结果基本一致（熊青，2006；陈再芳，张轩，陈潇潇，等，2006）。关于户籍制度，模型结果显示相较于城市户口流动人口，农村户口流动人口有着显著更积极的心理健康状态。事实上，国内关于人口和社会经济属性对流动人口心理健康的影响作用早有展开，但其研究结果存在一定的矛盾和差异，比如刘衍华（2006）认为性别、文化程度、工作收入和工作时间并不显著作用于心理健康，但是孙崇勇（2007）的研究发现性别会起到作用，女性心理健康水平低于男性。模型结果进一步为从全国层面样本研究流动人口属性对其心理健康的影响作用提供实证结果。

6.6 小结

中国城乡文化的异质性为我们进一步研究文化适应性对流动人口心理健康提供机会(Gui,Berry,Zheng,2012),本章遵循Berry的文化适应双向模型,进一步探究中国流动人口文化适应对心理健康的影响作用。本章采用聚类方法对流动人口进行分类,从主流文化差异程度和家乡文化保持程度两方面将流动人口分为融合型(主流文化差异小,家乡文化保持程度高)、同化型(主流文化差异小,家乡文化保持程度低)、分离型(主流文化差异大,家乡文化保持程度高)和边缘化型(主流文化差异大,家乡文化保持程度低)四类。结果显示处于融合型文化适应状态的流动人口数量最多,并有着最好的心理健康水平,在城乡接合部工作的比例也最高。同化型流动人口中跨省流动占比最低,在农村工作和居住的占比最低,其邻居中本地人占比最高。分离型流动人口有着最差的平均心理健康水平,并有着最高的跨省流动人口占比。处于边缘化型文化适应状态的流动人口数量最少,边缘化型流动人口在城乡接合部工作的流动人口占比相对于其他类型而言最高。

分层回归模型结果显示,文化适应是一个双向模型,主流文化差异程度和家乡文化保持程度对流动人口心理健康独立起作用,二者互不干扰(Ryder, E. Alden, Paulhus, 2000)。对中国流动人口而言,主流文化差异程度越小,其心理健康越好,而家乡文化保持程度对心理健康无显著影响。具体而言,融合型和同化型流动人口心理健康较好,分离型和边缘化型流动人口心理健康较差。这一模型结果和国内外相关研究基本一致(悦中山,2011;Gui, Berry, Zheng, 2012),悦中山(2011)研究发现对中国农民工而言,代表流入地文化的现代性越高,农民工的抑郁程度越低,而其他文化适应相关因素对农民工抑郁程度无显著影响作用,但其研究发现仅有融合型文化适应状态对农民工抑郁程度有显著积极影响作用。

虽然融合型和同化型是对心理健康最好的文化适应状态,但城乡文化差异使得仍有大量流动人口无法融入流入地文化,尤其是流动时间较短、流动距离较长、定居意愿较弱且与本地居民混居程度较弱的流动人口。模型结果也证实了城市因素对中国流动人口心理健康的影响作用,不同城市流动人口心理健康存在差异。因此,新型城镇化鼓励流动人口就地城镇化,从而减小流动人口流出地和流入地之间的文化差异,减少流动人口文化适应压力,进一步提高其心理健康水平。此外,流入地对流动人口的不同文化策略也会影响流动人口的文化适应状态(Dalgard,Thapa,2007)。

第 7 章 探究流动人口的社会融合对心理健康的影响作用

7.1 研究设计

本章研究社会融合对流动人口心理健康的影响作用(图 7-1),社会融合是一个多维度的概念,本研究采用周皓(2012)对中国流动人口社会融合维度的分类方式研究中国流动人口社会融合。此外,本研究拟同时考虑社会融合对心理健康的直接影响作用和通过心理因素对心理健康的间接影响作用,根据已有文献,归属感作为中介变量研究社会融合对流动人口心理健康的影响作用,采用结构方程进一步验证归属感的中介作用。

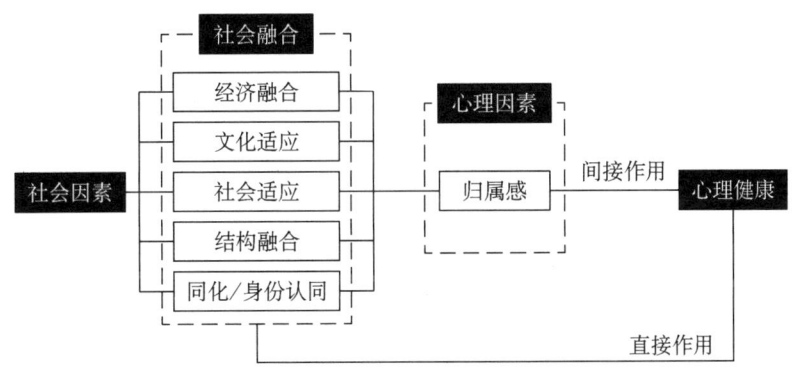

图 7-1 社会融合与心理健康研究框架

归属感(sense of belonging)表示在某个人们所处的环境或者系统中,人们感受到自己是这个环境或系统的一部分(Hagerty, Lynch-Sauer, Patusky, et al., 1992),意味着一个人感觉到被初级或者次级群组成员接纳,并获得一定的安全感(Thoits, 2011)。Kawachi 和 Berkman(2001)指出良好的社会融合可以直接提升人们的归属感。国内已有众多研究探讨归属感对流动人口心理健康的影响作用(悦中山,2011),比如朱海琳、白薇、陈建成等(2015)研究发现提高北京市流动人口归属感是进一步改善其幸福感的重要途径。赵英淑和杨磊(2011)以及白薇和张玉静(2016)的研究都发现了归属感在流动人口社会支持与心理健康间的中介作用。在已有研究基础上,进一步探究归属感在流动人口社会融合与心理健康间的中介作用。

7.2 研究假设

(1) 社会融合是否直接影响流动人口心理健康?
(2) 社会融合是否通过影响归属感从而间接作用于流动人口心理健康?
(3) 不同维度社会融合对流动人口心理健康的影响作用是否存在差异性?

7.3 社会融合的测量方法

国内外学者关于如何测量社会融合进行了众多模型验证,但仍未形成一个统一的结构维度和测量指标(余运江,高向东,郭庆,2012)。本章主要采用周皓(2012)提出的社会融合测量体系,从定居/经济融合、文化适应、社会适应、结构融合和同化/身份认同五个方面测量流动人口社会融合(表7-1)。

表7-1 流动人口社会融合变量处理信息表

变量	变量类型	问卷编号	对应问卷问题	变量处理
经济融合				
家庭平均月收入	测量变量:连续变量	218	您家在本地平均每月总收入为多少元	将问题218的回答进行对数化处理,数值越高表示流动人口家庭平均月收入越高

(续表)

变量	变量类型	问卷编号	对应问卷问题	变量处理
工作状况	测量变量：虚拟变量	203	您今年"五一"节前一周是否做过一小时以上有收入的工作？（包括家庭或个体经营）1. 是；2. 否	将回答为"是"的流动人口编码为1，否为0

文化适应

变量	变量类型	问卷编号	对应问卷问题	变量处理
自评家乡文化保持程度	潜变量	516A-D	您是否同意以下观点？ 1. 非常同意；2. 同意；3. 既不同意也不反对；4. 不同意；5. 非常不同意 A. 遵守家乡的风俗（比如婚、丧、嫁、娶的风俗）对我来说比较重要 B. 按照家乡的习惯办事对我来说比较重要 C. 我的孩子应该学会说家乡话 D. 保持家乡的生活方式（如饮食习惯）对我来说比较重要	将问题516A-D根据回答从"非常同意"到"非常不同意"分别赋值5~1分，构建潜变量。潜变量数值越高，表示流动人口家乡文化保持程度越高
自评主流文化差异程度	潜变量	516E-H	您是否同意以下观点？ 1. 非常同意；2. 同意；3. 既不同意也不反对；4. 不同意；5. 非常不同意 E. 我的卫生习惯与本地市民存在较大差别 F. 我的衣着打扮与本地市民存在较大差别 G. 我的教育理念或养老观念与本地市民存在较大不同 H. 我对一些社会问题的看法与本地市民存在较大差别	将问题516E-H根据回答从"非常同意"到"非常不同意"分别赋值1~5分，构建潜变量。潜变量数值越高，表示流动人口和流入地主流文化差异越小

社会适应

变量	变量类型	问卷编号	对应问卷问题	变量处理
自评受歧视程度	潜变量	518K-M	您是否同意以下一些说法？ 1. 完全不同意；2. 不同意；3. 基本同意；4. 完全同意 K. 我感觉本地人不愿与我做邻居 L. 我感觉本地人不喜欢我 M. 我感觉本地人看不起我	将问题518K-M根据回答从"完全不同意"到"完全同意"分别赋值1~4分，构建潜变量。潜变量数值越高，表示流动人口自评受歧视程度越高

(续表)

变量	变量类型	问卷编号	对应问卷问题	变量处理
结构融合				
本地亲属数量	测量变量：连续变量	101	请谈谈您本人、配偶和子女（包括在本地、老家和其他地方的）以及与您在本地同住的家庭其他成员的情况	对问题101中现居地为本地的亲属数量进行累计加和
社会活动参与程度	测量变量：连续变量	513A-F	2013年您参加过以下哪些活动？（如果刚来，问今年情况）（多选，提示。1. 参加过；2. 没参加过）A. 社区文体活动；B. 社会公益活动；C. 选举活动（村/居委会、工会选举）；D. 评优活动；E. 业主委员会活动；F. 居委会管理活动	将问题513A-F根据回答将参加过的活动数量加和，数值越高，表示流动人口社会活动参与程度越高
同化/身份认同				
社会距离	潜变量	518A-E	您是否同意以下一些说法？1. 完全不同意；2. 不同意；3. 基本同意；4. 完全同意 A. 我愿意与本地人共同居住在一个街区（社区）B. 我愿意与本地人做同事 C. 我愿意与本地人做邻居 D. 我愿意与本地人交朋友 E. 我愿意自己或亲人与本地人通婚	将问题518A-E根据回答，构建潜变量。潜变量数值越高，表示流动人口和本地居民社会距离越小

在经济融合方面，家庭平均月收入（周皓，2012）和工作状况被用来作为衡量指标，具体问题为"您家在本地平均每月总收入为多少"，并对流动人口的回答进行对数化处理。关于工作状况的问题为"您今年'五一'节前一周（问卷调查日期为2014年5月）是否做过一小时以上有收入的工作（包括家庭或个体经营）"，根据受访者回答编码为虚拟变量，有工作编码为1，无工作编码为0。

在文化适应方面，众多研究从移民对流入地主流文化的接触和参与程度以及对家乡文化的保持程度两个维度来测量移民的文化适应程度（程菲,李树苗,悦中山,2015；Gui, Berry, Zheng, 2012；Berry, 1980；Berry, Kim, Minde, et al., 1987b）。本章的主流文化参与程度采用自评文化认可程度量表测量,该量表通过分别测量"卫生习惯""衣着打扮""教育理念或养老观念""社会问题"四个方面来对比受访者家乡文化和主流文化的差异程度,根据回答从"非常同意有较大差异"到"非常不同意有较大差异"分别赋值1~5分,分值越高表示流动人口和主流文化认可程度越高。家乡文化保持程度采用家乡文化保持程度量表（Zagefka, Brown, 2002；悦中山,2011）,该量表包含四个方面内容,分别为"遵守家乡的风俗（比如婚、丧、嫁、娶的风俗）""按照家乡的习惯办事""我的孩子应该学会说家乡话""保持家乡的生活方式（如饮食习惯）"对受访者的重要程度,根据受访者对"遵守家乡文化比较重要"的同意程度,从"非常不同意"到"非常同意"分别赋值1~5分,分值越高表示流动人口的家乡文化保持程度越高。

在社会适应方面,自评受歧视程度（任远,乔楠,2010；周皓,2012）被用来作为衡量指标,受访者根据自身情况回答对三种社会歧视的同意程度,比如"我感觉本地人不愿与我做邻居",根据受访者的回答从完全不同意到完全同意分别赋值1~4分,分值越高代表受歧视程度越高。

在结构融合方面,我们使用社会活动参与程度（Rose, Joe, Shields, et al., 2014；余运江,高向东,郭庆,2012）和社会组织参与程度来衡量。已有文献证实参与社会活动和扩展社会网络对解决心理健康问题十分重要（Eide, Røysamb, 2002）,受访者被问及2013年是否在本地（流入地）参加六种社会活动（比如社区文体活动等）和三种社会组织（比如工会等）。根据受访者的回答对流动人口社会活动参与数量和社会组织参加数量进行分别加和,数值越大表示流动人口社会活动参与程度和社会组织参与程度越大。

在同化/身份认同方面,我们采用社会距离（悦中山,2011；邬民乐,2009）作为衡量指标。社会距离被认为是研究社会融合的一个良好的分析视角以及潜变量,根据行动主体是否愿意与其他人或者其他社会群体交往,从而测量社会成员之间的距离。本次问卷调查中共采用五个指标衡量社会距离,比如"您是否同意以下说法:我愿意与本地人共同居住在一个街区（社区）",根据受访者的回答从完全不同意到完全同意,分别赋值1~4分,得分越高意味着流动人口和本地居民的社会距离越小。

在经济融合方面,结果显示虽然超过 90% 的流动人口在流入地有固定工作,但其家庭平均月收入仍然较低,超过 50% 的流动人口在本地家庭平均月收入少于 5 000 元。在文化适应方面,流动人口和流入地主流文化差异程度较低,同时大部分流动人口仍较大程度保留家乡文化。在社会适应方面,流动人口自评受歧视程度较低。在结构融合方面,流动人口本地亲属较少,且流动人口在本地社会活动参与程度较低。在同化/身份认同方面,流动人口和本地居民的社会距离较小,表现出较高的交往意愿(表 7-2)。

表 7-2 流动人口社会融合描述性统计

	变量	最小值	最大值	平均值	标准差
经济融合	家庭月收入(对数)	5.30	12.61	8.56	0.59
	工作状况(无工作为参照)	0	1	0.92	0.28
文化适应	主流文化差异程度 / 我的卫生习惯与本地市民存在较大差别	1	5	3.61	0.86
	主流文化差异程度 / 我的衣着打扮与本地市民存在较大差别	1	5	3.71	0.80
	主流文化差异程度 / 我的教育理念或养老观念与本地市民存在较大不同	1	5	3.54	0.88
	主流文化差异程度 / 我对一些社会问题的看法与本地市民存在较大差别	1	5	3.57	0.87
	家乡文化保持程度 / 遵守家乡的风俗(比如婚、丧、嫁、娶的风俗)对我来说比较重要	1	5	3.86	0.80
	家乡文化保持程度 / 按照家乡的习惯办事对我来说比较重要	1	5	3.66	0.81
	家乡文化保持程度 / 我的孩子应该学会说家乡话	1	5	3.62	0.88
	家乡文化保持程度 / 保持家乡的生活方式(如饮食习惯)对我来说比较重要	1	5	3.49	0.83
社会适应	自评受歧视程度:我感觉本地人不愿与我做邻居	1	4	1.92	0.71
	我感觉本地人不喜欢我	1	4	1.84	0.66
	我感觉本地人看不起我	1	4	1.81	0.68

(续表)

	变量	最小值	最大值	平均值	标准差
结构融合	本地亲属数量	0	9	2.41	1.17
	社会活动参与情况	0	6	0.66	1.04
同化/身份认同	社会距离:我愿意与本地人共同居住在一个街区(社区)	1	4	3.48	0.58
	我愿意与本地人做同事	1	4	3.52	0.57
	我愿意与本地人做邻居	1	4	3.53	0.57
	我愿意与本地人交朋友	1	4	3.55	0.56
	我愿意自己或亲人与本地人通婚	1	4	3.35	0.67

总体而言,流动人口在流入地城市的社会融合较好,但在流入地的社会活动参与程度较低。

7.4 中介变量的测量方法

在社会融合的心理因素影响路径方面,本章选取归属感(Ling Na,2016)作为中介变量。

归属感的测量包括五个方面内容,具体问题比如"您是否同意以下一些说法?我感觉自己是属于这个城市的",回答赋值为:1. 完全不同意;2. 不同意;3. 基本同意;4. 完全同意。得分越高表示受访者在流入地的归属感越高(表7-3)。

流动人口的归属感不仅影响其心理健康和幸福感,还会对其在流入地的定居意愿产生显著影响(王玉君,2013;谢建社,罗光容,2015),并进一步作用于城镇化。但我们的研究发现相较于流动人口的归属意愿(我愿意融入社区/单位,成为其中的一员),其感知归属感(我感觉自己是属于这个城市的)仍然较弱。具体而言,根据朱海琳、白薇、陈建成等(2015)将流动人口归属感分为包含社区归属感认知、所在城区归属感认知和所在城市归属感认知的地域归属感以及群体归属感,在此分类情况下,我们的数据显示流动人口有着较高的社区归属感认知,其次是城市归属感认知,而群体归属感相对于前两个地域归属感则略低(表7-4)。

表7-3 流动人口心理因素变量处理信息

变量	变量类型	问卷编号	对应问卷问题	变量处理
归属感	潜变量	518F-J	您是否同意以下一些说法? 1. 完全不同意;2. 不同意;3. 基本同意; 4. 完全同意 F. 我感觉自己是属于这个城市的 G. 我觉得我是这个城市的成员 H. 我把自己看作是这个城市的一部分 I. 我愿意融入社区/单位,成为其中的一员 J. 我觉得本地人愿意接受我成为其中一员	将问题518F-J根据回答从"完全不同意"到"完全同意"分别赋值1~5分,构建潜变量。潜变量数值越高,表示流动人口归属感越强

表7-4 流动人口心理因素描述性统计

归属感	最小值	最大值	平均值	标准差
我感觉自己是属于这个城市的	1	4	3.17	0.70
我觉得我是这个城市的成员	1	4	3.21	0.68
我把自己看作是这个城市的一部分	1	4	3.25	0.65
我愿意融入社区/单位,成为其中的一员	1	4	3.38	0.60
我觉得本地人愿意接受我成为其中一员	1	4	3.24	0.66

7.5 实证模型

考虑到本章需要探究社会融合对心理健康的直接影响作用和通过心理学路径的间接影响作用,因此实证模型采用结构方程(Structural Equation Modeling)进一步验证归属感对流动人口社会融合与心理健康的中介作用,控制变量包括流出地所属经济区域、跨省流动、工作地点、社区类型、邻居类型、现住房类型、年龄、性别、婚姻状况、家庭月收入、工作状况、受教育程度、户口、自评社会经济地位、自评受尊重程度、流动时间和居留意愿。

结构方程通常被用来处理多原因和多结果关系,以及模型中包含非观测型变量(即潜变量),因此在社会科学中得到广泛应用(Hancock,2003)。结构方程包括测量模型和结构模型两部分:首先根据研究假设建立结构方程模型的测量模型,公式(7-1)表示外生潜变量(ξ)和外生观测变量(X)之间的联系,比如主流文化差异程度(ξ_1)和我的卫生习惯与本地市民存在较大差别(x_1)、我的衣着打扮与本地市民存在较大差别(x_2)的关系,其中,$\boldsymbol{\Lambda}_x$为外生观测变量在外生潜变量上的因子负荷矩阵,δ为外生观测变量误差。公式(7-2)表示内生潜变量(η)和内生观测变量(Y)的联系,比如心理健康(η_2)和紧张(y_6)、绝望(y_7)等的关系,其中,$\boldsymbol{\Lambda}_y$为内生观测变量在内生潜变量上的因子负荷矩阵,ε为内生观测变量误差。其次,在结构模型部分,公式(7-3)表示内生潜变量(η)和外生潜变量(ξ)的关系,其中,B为内生潜变量(η)的路径系数矩阵,Γ为外生潜变量和相应内生潜变量(η)的路径系数,ζ为残差。

$$X = \boldsymbol{\Lambda}_x \xi + \delta \tag{7-1}$$

$$Y = \boldsymbol{\Lambda}_y \eta + \varepsilon \tag{7-2}$$

$$\eta = B\eta + \Gamma\xi + \zeta \tag{7-3}$$

本章结合已有文献所用数据特点,将流动人口社会融合的文化适应维度(包括主流文化认可程度和家乡文化保持程度)、社会适应维度和同化/身份认同维度,以及归属感和心理健康处理为潜变量,并对这六个潜变量的信度和效度进行检验分析(表7-5)。信度检验采用内部一致性信度(Cronbach's α),结果显示六个潜变量有良好的信度,均大于临界值0.7。在效度检验方面,对这六个潜变量分别进行验证性因子分析(Confirmatory Factor Analysis,CFA),结果显示各个潜变量的可观测变量的标准化测量系数均大于临界值0.60,且拟合指数CFI均大于临界值0.90。因此,本章设立的6个潜变量均具有良好的信度和效度。

表 7-5 潜变量信度及效度表

潜变量	可观测变量	数目	Cronbach's α	CFA 标准化测量系数	CFI
ξ_1：主流文化认可程度	x_1：我的卫生习惯与本地市民存在较大差别	4	0.870	0.73	0.905
	x_2：我的衣着打扮与本地市民存在较大差别			0.79	
	x_3：我的教育理念或养老观念与本地市民存在较大不同			0.84	
	x_4：我对一些社会问题的看法与本地市民存在较大差别			0.81	
ξ_2：家乡文化保持程度	x_5：遵守家乡的风俗（比如婚、丧、嫁、娶的风俗）对我来说比较重要	4	0.800	0.79	0.951
	x_6：按照家乡的习惯办事对我来说比较重要			0.86	
	x_7：我的孩子应该学会说家乡话			0.55	
	x_8：保持家乡的生活方式（如饮食习惯）对我来说比较重要			0.63	
ξ_3：自评受歧视程度	x_9：我感觉本地人不愿与我做邻居	3	0.903	0.80	1.000
	x_{10}：我感觉本地人不喜欢我			0.95	
	x_{11}：我感觉本地人看不起我			0.87	
ξ_4：社会距离	x_{12}：我愿意与本地人共同居住在一个街区（社区）	5	0.903	0.84	0.990
	x_{13}：我愿意与本地人做同事			0.90	
	x_{14}：我愿意与本地人做邻居			0.90	
	x_{15}：我愿意与本地人交朋友			0.85	
	x_{16}：我愿意自己或亲人与本地人通婚			0.59	

(续表)

潜变量	可观测变量	数目	Cronbach's α	CFA 标准化测量系数	CFI
η_1：归属感	y_1：我感觉自己是属于这个城市的	5	0.889	0.83	0.951
	y_2：我觉得我是这个城市的成员			0.90	
	y_3：我把自己看作是这个城市的一部分			0.86	
	y_4：我愿意融入社区/单位，成为其中的一员			0.71	
	y_5：我觉得本地人愿意接受我成为其中一员			0.60	
η_2：心理健康	y_6：紧张	6	0.834	0.66	0.945
	y_7：绝望			0.68	
	y_8：不安或烦躁			0.70	
	y_9：太沮丧以至于什么都不能让您愉快			0.74	
	y_{10}：做每一件事都很费劲			0.68	
	y_{11}：无价值			0.62	

7.6 模型结果分析与讨论

表7-6显示探究归属感在流动人口社会融合和心理健康间的中介作用的结构方程模型结果，根据Hooper，Coughlan，Mullen(2008)的研究，我们选取以下指标验证结构方程拟合结果：$\chi^2(935, N=15\,989)=22\,758.46$，$p<0.000\,0$，$CFI=0.911$，$RMSEA=0.038$，$SRMR=0.066$，模型拟合结果较好。

表7-6的结果显示社会融合的五个维度和两种心理因素对心理健康的路径系数，结构方程模型结果验证了我们的研究假设，首先社会融合对流动人口心理

表 7-6　结构方程模型结果

	心理健康	系数	标准误	95%置信区间	
经济融合	家庭月收入(对数)	0.025*a	0.011	0.004 5	0.045 7
	工作状况(无工作为参照)	-0.005	0.009	-0.022 5	0.012 3
文化适应	主流文化差异程度	0.146***	0.010	0.126 5	0.164 6
	家乡文化保持程度	0.012	0.009	-0.005 8	0.030 5
社会适应	自评受歧视程度	-0.093***	0.010	-0.111 6	-0.074 2
结构融合	本地亲属数量	0.010	0.012	-0.012 2	0.033 1
	社会活动参与	-0.065***	0.009	-0.081 7	-0.048 1
同化/身份认同	社会距离	0.084***	0.011	0.061 6	0.106 5
心理因素	归属感	0.052***	0.011	0.029 2	0.074 0
流动区域特征	流出地所属经济区域(东部为参照):中部	-0.025*	0.011	-0.045 2	-0.004 0
	西部	-0.045***	0.010	-0.065 0	-0.024 5
	东北	-0.008	0.009	-0.025 7	0.009 5
	跨省流动	0.029**	0.010	0.009 4	0.048 3
工作地点特征	在城乡接合部工作	0.035***	0.009	0.018 3	0.052 3
	在农村工作	0.039***	0.010	0.019 1	0.059 6
社区特征	社区类型　农村社区	-0.029**	0.011	-0.049 4	-0.007 8
	邻居类型　邻居主要为本地人	0.017	0.009	-0.000 8	0.035 3
	邻居本地人和外地人数量差不多	0.038***	0.009	0.020 5	0.055 8

(续表)

	心理健康	系数	标准误	95%置信区间	
现住房类型	已购住房	0.012	0.012	−0.011 6	0.034 9
	租住私房	0.014	0.011	−0.007 6	0.036 2
个人社会经济属性	年龄	0.015	0.011	−0.006 1	0.035 8
	性别(女为参照)	−0.009	0.009	−0.025 8	0.007 7
	婚姻状况(未婚为参照)	0.009	0.012	−0.015 9	0.032 9
	受教育程度(小学及以下为参照)	−0.053***	0.009	−0.071 4	−0.034 5
	户口(农村户口为参照)	−0.035***	0.009	−0.053 0	−0.017 2
	自评社会经济地位	0.100***	0.010	0.079 2	0.120 2
	自评受尊重程度	0.055***	0.011	0.034 2	0.075 6
个人流动特征属性	流动时间	0.016	0.009	−0.001 8	0.034 8
	是否打算在流入地长期居住(5年以上)(否为参照)	0.006	0.009	−0.012 8	0.023 8
归属感	经济融合	家庭月收入(对数)	0.017*	0.008	0.001 5	0.032 7
		工作状况(无工作为参照)	−0.001	0.007	−0.015 2	0.012 7
	文化适应	主流文化差异程度	0.071***	0.008	0.055 4	0.087 4
		家乡文化保持程度	−0.007	0.008	−0.021 6	0.008 4
	社会适应	自评受歧视程度	−0.133***	0.008	−0.148 6	−0.117 4
	结构融合	本地亲属数量	0.020*	0.008	0.003 9	0.035 7
		社会活动参与	0.070***	0.007	0.056 5	0.084 2
	同化/身份认同	社会距离	0.558***	0.007	0.545 5	0.571 3

注:1. * $p<0.05$;** $p<0.01$;*** $p<0.001$。
2. a结构方程模型的结构模型的标准化路径系数。

健康有着显著的直接影响作用,其次归属感在社会融合与心理健康的关系间起到中介作用。此研究结果与前人研究结果一致(Ling,2016)。

表7-7进一步揭示了归属感详细的中介作用信息,模型结果发现归属感对流动人口社会融合的不同维度影响作用存在一定的差异性。当社会融合变量对心理健康的直接影响作用不显著而间接影响作用显著时,意味着归属感对社会融合有着完全的中介作用;当社会融合变量对心理健康的直接影响作用显著而间接影响作用不显著时,意味着归属感没有起到中介作用;而当社会融合的直接影响作用和通过归属感的间接影响作用均显著时,意味着归属感只起到了部分中介作用。总体而言,归属感在流动人口社会融合和心理健康间起到部分中介作用,虽然在经济融合维度,归属感起到的部分中介作用较弱($p=0.052$)。

结构方程的直接、间接影响作用分析结果为研究大样本流动人口社会融合不同维度对心理健康的影响作用提供了实证研究结果。首先,在流动人口的经济融合方面,国内关于流动人口收入对心理健康的研究结论存在一定争议,比如刘衔华(2006)的研究发现经济收入对流动人口心理健康无显著影响,但刘义、刘于琪、刘晔等(2018)的研究发现流动人口家庭人均年收入对其消极情感有着显著消极影响作用。本研究结果显示流动人口经济收入对其心理健康有直接影响作用,并且会提升归属感,但归属感对其心理健康的间接提升作用较弱。此外,我们在研究中发现流动人口的工作状况对心理健康并无影响作用。

在文化适应方面,主流文化差异程度对心理健康有着显著积极的总影响作用,即主流文化差异程度越低流动人口心理健康水平越好,同时主流文化差异程度较弱的流动人口在流入地的归属感也更强,并因此有着更好的心理健康水平。相反的,家乡文化保持程度对流动人口心理健康并无显著影响作用。

在社会适应方面,国内已有类似研究发现受歧视意识对心理健康既有直接影响作用,又有通过影响自我评估和压力应对方式从而间接影响心理健康作用(熊青,2006)。本研究结果显示流动人口自评受歧视程度对流动人口心理健康有显著的直接影响作用,并会通过减弱流动人口在流入地的归属感从而显著地给心理健康带来消极影响。

表 7-7 结构方程直接、间接影响作用结果

变量		归属感（总影响）		心理健康 直接影响		心理健康 间接影响		心理健康 总影响	
		非标准化系数	标准化系数	非标准化系数	标准化系数	非标准化系数	标准化系数	非标准化系数	标准化系数
经济融合	家庭月收入（对数）	0.016*(0.008)	0.017	0.022*(0.009)	0.025	0.001(0.000)	0.001	0.022*(0.009)	0.026
	工作状况（无工作为参照）	−0.003(0.014)	−0.001	−0.009(0.016)	−0.005	−0.000(0.001)	−0.000	−0.009(0.016)	−0.005
文化适应	主流文化差异程度	0.064***(0.007)	0.071	0.118***(0.008)	0.146	0.003***(0.001)	0.004	0.121***(0.008)	0.149
	家乡文化保持程度	−0.006(0.007)	−0.007	0.010(0.007)	0.012	−0.000(0.000)	−0.000	0.010(0.007)	0.012
社会适应	自评受歧视程度	−0.132***(0.008)	−0.133	−0.083***(0.009)	−0.093	−0.006***(0.001)	−0.007	−0.089***(0.008)	−0.100
结构融合	本地亲属数量	0.009*(0.004)	0.020	0.004(0.005)	0.010	0.000*(0.000)	0.001	0.005(0.005)	0.011
	社会活动参与	0.038***(0.004)	−0.061	−0.032***(0.004)	−0.065	0.002***(0.000)	0.004	−0.030***(0.004)	−0.06
同化/身份认同	社会距离	0.643***(0.010)	0.559	0.087***(0.012)	0.012	0.030***(0.007)	0.029	0.117***(0.010)	0.113

注：$* p<0.05$；$** p<0.01$；$*** p<0.001$。

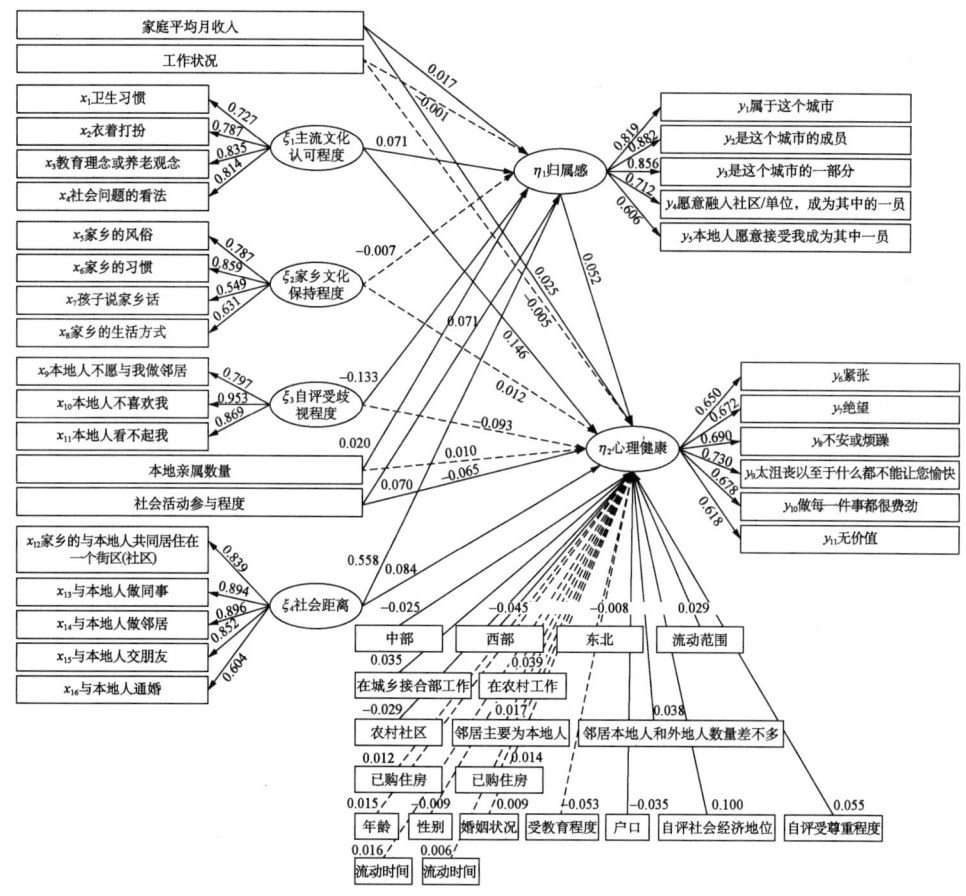

图 7-2　结构方程结果图

（实线表示显著的路径系数,虚线表示不显著的路径系数。）

在结构融合方面,模型结果显示本地亲属数量对流动人口心理健康没有显著的直接或总影响效应,但本地亲属数量多的流动人口在流入地归属感更强,并间接提升其心理健康水平。相反的,本地活动参与程度对流动人口心理健康有显著的消极直接影响作用,并会通过减少归属感进一步影响流动人口的心理健康水平。这一结论和其他国内类似研究结果一致,郝晓宁,孙继艳,薄涛(2018)在其研究中将社会活动参与数量作为社会融合的生活性融合维度指标,并证实其对流动人口心理健康的消极影响作用。

在同化/身份认同方面,流动人口和本地居民的社会距离越近,其归属感越强,从而有着更好的心理健康水平。社会距离不同于空间物理上的距离,其来自于人们的阶级和等级划分,体现出人们对其他群体的感知亲近距离(悦中山,2011)。也有研究者将社会距离作为行为歧视(behavior discrimination),并发现其对心理健康有着显著的影响作用(Corrigan, Edwards, Green, et al., 2001)。

7.7 小结

本章通过采用结构方程模型检验归属感在社会融合和心理健康之间的中介作用。研究结果证实了我们的假设社会融合一方面会直接影响流动人口的心理健康,另一方面也会通过提高流动人口归属感间接影响其心理健康。我们的研究结果证实了 Berkman, Glass, Brissette 等(2000)提出的社会融合与心理健康理论模型的心理因素影响路径适用于中国流动人口。这意味着为了提高流动人口的心理健康水平,一方面可以通过改善流动人口在流入城市的社会融合程度,另一方面也可以通过增加流动人口归属感来改善其心理健康。

此外,在社会融合方面,本文依据周皓(2012)提出的社会融合五个维度(定居/经济融合、文化适应、社会适应、结构融合和同化/身份认同)对大样本流动人口的社会融合进行实证研究。研究结果发现社会融合的不同维度对流动人口心理健康均有显著的总影响作用。

本研究也发现流动人口在流入地社会活动参与程度较低,尤其是公共事务,比如仅有 3% 的流动人口在流入地参加过选举活动(村/居委会、工会选举)。事实上,国外众多学者将公共事务或者政治参与单独作为社会融合的重要维度之一(Gordon, 1964; Entzinger, Renske, 2003; Goldlust, Richmond, 1974),但大部分国内研究将公共事务或政治参与作为结构融合的一部分来研究(郝晓宁,孙继艳,薄涛,2018)。但事实上,不同于结构融合维度的其他指标,比如结交当地朋友数量对流动人口心理健康有着显著积极作用(王培刚,陈心广,2015),我们的研究发现社会活动参与对流动人口心理健康有着显著的消极影响作用,并且这种影响作用会进一步影响流动人口归属感。因此,国外将政治融入作为社会融合维度之一的理论是否适用于国内流动人口还有待进一步研究。

我们的研究结果也显示出流动人口在流入地自评受歧视程度对其心理健康有着显著消极影响作用,国内外众多研究聚焦于流动人口自评受歧视程度或受歧视经历对其心理健康的消极影响作用(Kessler，Mickelson，Williams，1999；俞林伟，朱宇，2018)。而在减少流动人口受歧视经历方面，Mouw(2002)认为建立和本地居民联系是一种减少歧视的策略，此外 Lancee(2010)的近期研究也表明，移民和流入地居民的积极接触会带给他们良好的经济回报，并且流动人口参与社会活动和扩展社会网络对解决心理健康问题十分重要(Eide，Røysamb，2002)。

第8章 研究结论及空间规划发展启示

8.1 研究结论

本书采用全国八个市区流动人口数据聚焦研究城镇化背景下流动人口融入社会有关因素对其心理健康的影响作用,为衡量城镇化质量,以及研究流动人口的社会联系、文化适应和社会融合对其心理健康作用提供了新的视角。本研究发现,流动人口融入社会有关因素对其心理健康有着显著的影响作用,本地联系越多、对流入地主流文化接受度越高和在流入地社会融合越好的流动人口有着更优的心理健康水平。

在空间流动特征方面,本研究从流动人口流出地区域、流入地城市、工作地点、社区类型和现住房属性等多个方面对流动人口特征进行分析。结果显示流动人口的空间流动特征具有明显的内部异质性,东部地区流出的流动人口倾向于省内流动,而其他地区流出的流动人口则更多的选择跨省流动。从流入地城市角度看,部分流入地城市对某一特定区域流动人口有着较大吸引力,比如厦门市和青岛市吸引东部流动人口较多,成都市吸引西部流动人口较多,郑州市吸引中部流动人口较多。而其他城市对不同区域的流动人口吸引力较为均衡,相对而言,中山市吸引西部流动人口相对较多,嘉兴市吸引中部流动人口较多,北京市吸引东部流动人口较多,深圳市吸引东部和中部流动人口均较多。在工作和居住地点方面,接近一半的流动人口在市区工作,同时不到一半的流动人口居住在市区。接近75%的流动人口居住在农村社区、城乡接合部、城中村或棚户区和未经改造的老城区。在住房方面,仅有少部分流动人口在流入地购房,绝大多数流动人口(81.01%)租住私房。

在社会联系方面,流动人口既有在流入地的本地社会联系又有着流出地的家乡社会联系,本地亲属联系可以显著提升流动人口的心理健康水平,而参加家乡组织活动则会损害流动人口心理健康的。研究结果发现流动人口基于地缘的同质性社会联系对流动人口心理健康有着消极的影响作用。

在文化适应方面,我们的研究显示对中国流动人口而言,文化适应状态包括主流文化和家乡文化两个维度,这两个维度独立影响流动人口的心理健康,并根据在这两个维度的得分可将中国流动人口分为四类:同化型、融合型、分离型和边缘化型。结果显示,不同文化适应状态的流动人口有着不同的空间流动特征、个人社会经济属性和个人流动特征,并有着显著的心理健康水平差异。在影响作用方面,我们的研究发现流动人口的心理健康只受主流文化差异程度的影响,而不受家乡文化保持程度影响,主流文化差异程度越少的流动人口有着更优的心理健康水平。

在社会融合方面,本研究从定居/经济融合、文化适应、社会适应、结构融合和同化/身份认同五个方面研究流动人口的心理健康,并发现在不同的社会融合维度上,归属感对社会融合和心理健康关系的中介作用并不相同。研究进一步提议应将流动人口的公共事务参与程度进行独立考虑,重视其对流动人口心理健康的影响作用。

本研究进一步对流动人口空间流动特征和其心理健康关系进行分析,研究发现流动人口存在着区域空间上心理健康不平等现象,来自西部和中部地区的流动人口的平均心理健康水平均显著差于来自东部的流动人口。数据显示东部流动人口主要为省内流动,流动距离较短,通过对比不同流动距离流动人口心理健康的差异,结果显示跨省流动的流动人口平均心理健康较差。除了空间流动距离外,本研究也发现在城乡接合部和农村等类似流动人口流出地的环境里工作和居住的流动人口有着更优的平均心理健康水平。

8.2 空间规划发展启示和政策建议

2016 年颁布的《"健康中国 2030"规划纲要》,提出"将健康融入所有政策,人民共建共享",并正式将"健康中国"建设上升为国家战略(郭清,2016)。而因流动人口数目众多,其身心健康对实现健康中国意义重大。众多流动人口的社会关系研究证实可以通过改善流动人口在流入的社会环境来提高其心理健康,并进一步促进整个城乡的健康稳定发展。

"社会-空间辩证法"(social-spatial dialectics)理论提出城市是社会与空间相互作用的产物,空间不但是社会活动的产物,也会塑造社会,城市空间所具有的公共性使得其成为社会交往的基础。流动人口通过选择最满足其需要的空间场所完成迁移过程,并付出一定的迁移成本,这种迁移成本不仅包括经济成本,也包括社会成本。流动人口从流出地进入流入地面临原有社会网络破碎、新社会关系重建的挑战,因此其对城市空间的使用价值,尤其是集聚人群促进社会交往的功能的依赖度较高(刘佳燕,2006)。

在这种背景下,众多政策制定者和研究者提出了重视流动人口的社会融合等融入社会有关因素。上海社会科学院发布的《国际城市蓝皮书:国际城市发展报告(2016)》将社会包容问题作为国际城市十大关注点之一。王培安(2015)指出流动人口的社会融合是促进城镇化的健康发展,实现经济新常态和社会公平公正的重要抓手。王桂新和王利民(2008)提出应当将流动人口的社会融合度作为衡量中国城市化进程的重要指标之一。任远和乔楠(2010)认为社会融合包含两个方面的内容分别为自然性社会融合和干预性社会融合,一方面随着流动人口在流入地的生活和就业,其会产生自发性的社会融合,另一方面来自政府的导向型的干预会在很大程度上加速或者实现融合,而关于后者的研究较少。

而从城市规划的角度,城市规划作为一项公共政策,"规划工作的本质是特定社会条件下,应对当时当地社会需求做出的一种制度安排"(张庭伟,2006)。城市规划的一个重要职能是对物质性设施包括医院、学校等,和非物质性要素比如环境质量和犯罪等进行再分配,从而提高社会效益,实现地域公正(刘佳燕,2006)。虞蔚(1986)提出城市是物质空间和社会空间的结合,是人和地规划的均衡,人的规划是指社会空间的规划,而地的规划则指物质空间的规划。在城市规划中,规划者往往从社区层面对社会空间进行规划,比如《上海市城市总体规划(2017—2035)》中提出通过构建多元融合的 15 分钟生活圈来促进各类人群间的社会融合,又比如美国 LEED-ND 评估指标体系中将"社区发展和公众参与"作为衡量社区质量的指标之一。

本章在对城镇化背景下中国多地区流动人口融入社会有关因素与心理健康的关系研究基础上,提出以下几点空间规划发展启示和政策建议:

(1)区域和城市空间层次。通过促进流动人口在流入地建立良好社会联系和文化适应状态来改善流动人口心理健康的区域差异。

本研究发现流动人口心理健康呈现区域不平等现象，东部地区的流动人口有着显著最优的心理健康平均水平。并且东部地区流动人口的流动范围以省内流动为主，而中部、西部和东北部地区的流动人口则以跨省流动为主。但当统计模型控制了流动人口的本地社会联系或文化适应状态后，流动人口流出地所属经济区域对其心理健康的影响作用不再显著，这意味着可以通过促进流动人口在流入地建立良好的社会联系和文化适应状态来改善远距离流动带给流动人口的消极心理健康影响作用。

城市规划可以通过增加不同社会经济类型人群的空间交互（spatial interaction）来促进流动人口在流入地的社会联系，包括提高建设用地功能复合度（Nabil, Eldayem, 2015）、增加公共绿地（Krellenberg, Welz, Reyes-Päcke, 2014；Barton, Pretty, 2010；Berg, Maas, Verheij, et al., 2010）、改善街道步行性（Leyden, 2003）等方式，比如《上海市城市总体规划（2017—2035）》中提出可以通过鼓励社区农场、屋顶菜园建设等方式来提高社区活力，并促进社会交往。

（2）社区空间层次。首先，应关注流动人口居住的社区环境对其心理健康的影响作用，尤其是农村社区。其次，应关注社区的邻里构成多样性对流动人口心理健康的影响作用。

通过对流动人口居住社区进行统计，结果显示大量流动人口（28.19%）居住在农村社区。实证模型结果显示在农村社区居住的流动人口有着显著更差的心理健康水平，这种对心理健康的消极影响作用在控制了流动人口的社会联系、文化适应状态、社会经济属性和流动特征后依旧显著。类似的社区间健康水平不平等现象也发生在纽约，*OneNYC* 2050（纽约市战略规划2050）通过对纽约市不同社区居民寿命进行分析，发现人们居住的不同社区决定了人们的不同寿命。为此，纽约市政府提出一个 MetroPlus 的医疗项目，并旨在为社区居民提供平价的心理健康服务和健康行为奖励服务等，并将75%的受资助临床医生安排在心理健康保健短缺区域工作。而对中国流动人口而言，部分研究指出流动人口进入城市会选择居住在生活成本较低的区域（曹子玮，2003），这种区域不仅仅是流动人口空间上的起步区，也是其社会生活的起步区（刘佳燕，2006）。但受剥夺社区对心理健康的消极影响作用已经得到广泛认可（Fone, Dunstan, Lloyd, et al., 2007；Reijneveld, Schene, 1998）。

城市规划可以通过指标控制的方式来减弱流动人口居住的社区差异对其心理健康的影响作用,健康指标是对人们健康水平的一种定量测量方式,可以帮助社区确定如何进一步提升社区居民的健康水平,并减少弱势群体健康不均等问题(普蕾米拉·韦伯斯特,丹尼丝·桑德森,徐望悦,等,2016)。世界卫生组织健康城市项目办公室提出的健康城市指标体系,囊括健康、健康服务、环境和社会经济情况等多个方面,并将基层医生服务的居民数作为主要指标之一。

此外通过城市规划改善社区建成环境也是提升流动人口心理健康的重要方式之一,社区的土地使用混合度、交通系统、商业服务(比如商店、银行、健康设施)、公共设施(社区图书馆、公共空间)和住房都是影响心理健康的重要方面(Schulz,Northridge,2004)。

(3) 住房空间层次。增加社区住房户型多样性和可负担性,关注社区的邻里构成多样性对流动人口心理健康的影响作用。

已有研究发现流动人口倾向于居住在住房开销低和流动人口聚集的地区(曹子玮,2003)。本研究数据结果显示,住房类型对流动人口心理健康并无显著影响作用,而社区邻里类型有着显著的影响作用。43.46%的流动人口邻居主要为外地人,但实证模型结果显示相较于邻居主要为外地人的流动人口,邻居本地人和外地人数量差不多的流动人口有着显著更好的心理健康水平。

通过增加社区住房户型多样性和可负担性,城市规划可以提高社区邻里构成的多样性,并进一步提高流动人口心理健康水平,比如《上海市城市总体规划(2017—2035)》提出通过提供不同住房类型的混合布局可以促进不同类型居民的社会交往,从而提高社区邻里构成的多样性。

8.3 研究不足与展望

8.3.1 研究不足

本书着眼于城镇化背景下,流动人口在流入地"市民化"不同阶段的融入社会有关因素对其心理健康的影响作用,从既有理论出发,使用全国八个市区数据验证既有理论是否适用于中国流动人口。研究主要存在以下不足:

(1) 横断面研究存在一定局限性。

已有研究认为流动人口在流入地的文化适应状态、社会融合等融入社会有关因素是动态变化的,但由于本书所用数据为横断面研究数据,横断面研究数据是在一个较短时间区间内收集的,因此缺乏对流动人口社会因素变化或心理健康状况变化的追踪调查,因此难以验证流动人口"市民化"过程中,融入社会有关因素变化对流动人口心理健康的影响作用。

(2) 变量测量方面存在一定不足。

本书所用数据为二手开放数据,因此该问卷无法完美契合本书的研究内容,使得对某些变量的测量存在一定不足。比如已有文献认为流动人口在流入地的朋友关系是其本地社会联系的重要构成部分,但本书采用的数据中并不包含流动人口朋友数量等相关信息,因此无法将流动人口的朋友关系纳入研究框架,使得研究存在一定局限性。

8.3.2 研究展望

首先,本书研究发现流动人口"市民化"不同阶段的融入社会有关因素对其心理健康的影响作用存在差异性,未来研究可以进一步展开对流动人口心理健康的时间序列研究,追踪不同时间点流动人口融入社会有关因素的变化和心理健康的变化状况,从而更完善的验证流动人口融入社会有关因素对其心理健康的影响作用。

其次,本书初步探究了流动人口在流入地居住和工作环境对其心理健康的作用,并为空间规划如何提高人们心理健康提供了研究基础,未来研究可以进一步探究流动人口居住社区的建成环境、社会环境等其他因素与融入社会有关因素的交互作用对流动人口心理健康的影响。

最后,随着中国城镇化进入中后期阶段,中国城镇化迎来了重大发展转型阶段,中国流动人口城镇化进程的不稳定性逐渐增加,人口流动呈现出新的趋势,省内流动增加,流动人口居留意愿减弱。在此背景下,如何提高流动人口健康水平,保证城镇化高品质发展成为下阶段城镇化研究的核心关注点之一。

参 考 文 献

[1] Alarcón G S, Rodríguez J L, Benavides G, et al. Systemic lupus erythematosus in three ethnic groups: V. Acculturation, health-related attitudes and behaviors, and disease activity in Hispanic patients from the LUMINA Cohort[J]. Arthritis Care & Research, 1999, 12(4): 267-276.

[2] Barnett P A, Gotlib I H. Psychosocial functioning and depression: distinguishing among antecedents, concomitants, and consequences[J]. Psychological Bulletin, 1988, 104(1): 97-126.

[3] Barton J, Pretty J. What is the best dose of nature and green exercise for improving mental health? A multi-study analysis[J]. Environmental Science & Technology, 2010, 44(10): 3947-3955.

[4] Bassuk E L, Mickelson K D, Bissell H D, et al. Role of kin and nonkin support in the mental health of low-income women[J]. American Journal of Orthopsychiatry, 2002, 72(1): 39-49.

[5] Belle D. Poverty and women's mental health[J]. American Psychologist, 1990, 45(3): 385.

[6] Berg A E V D, Maas J, Verheij R A, et al. Green space as a buffer between stressful life events and health[J]. Social Science & Medicine, 2010, 70(8): 1203-1210.

[7] Berkman L F, Glass T, Brissette I, et al. From social integration to health: Durkheim in the new millennium[J]. Social Science & Medicine, 2000, 51(6): 843-857.

[8] Berry J W. Acculturation as varieties of adaptation[J]. Acculturation: Theory, Models And Some New Findings, 1980.

[9] Berry J W. Lead Article—Immigration, Acculturation, and Adaptation[J]. Applied Psychology, 1997, 46(1): 5-34.

[10] Berry J W. Social and Cultural Change[J]. African Studies Review, 1980, 17(2): 79-88.

[11] Berry J W, Kim U, Minde T, et al. Comparative studies of acculturative stress[J]. International Migration Review, 1987a, 21(3): 491-511.

[12] Berry J W, Phinney J S, Sam D L, et al. Immigrant youth: acculturation, identity, and adaptation[J]. Applied Psychology, 2006, 55(3): 303-332.

[13] Bhugra, D. Migration and mental health. Acta Psychiatrica Scandinavica, 2004. 109, 243-258.

[14] Bhui K, Stansfeld S, Head J, et al. Cultural identity, acculturation, and mental health among adolescents in east London's multiethnic community [J]. Journal of Epidemiology & Community Health, 2005, 59(4): 296-302.

[15] Black M M, Krishnakumar A. Children in low-income, urban settings. Interventions to promote mental health and well-being. American Psychologist, 1998, 53(6): 635-646.

[16] Bourhis R Y, Giles H, Tajfel H. Language as a determinant of Welsh identity[J]. European Journal of Social Psychology, 2010, 3(4): 447-460.

[17] Bourhis R Y, Moïse L C, Perreault S, et al. Towards an interactive acculturation model: a social psychological approach[J]. International Journal of Psychology, 1997, 32(6): 369-386.

[18] Browning H L, Rodriguez N. The migration of mexican indocumentados as a settlement process: implications for work. 1982.

[19] Cacioppo J T, Hawkley L C, Crawford L E, et al. Loneliness and health: potential mechanisms[J]. Psychosomatic Medicine, 2002, 64(3): 407-417.

[20] Cartier C, Castells M, Qiu J L. The information have-less: inequality, mobility, and translocal networks in Chinese cities[J]. Studies in Comparative International Development, 2005, 40(2): 9-34.

[21] Cattell V. Poor people, poor places, and poor health: the mediating role of social networks and social capital[J]. Social Science & Medicine, 2001, 52(10): 1501-1516.

[22] Chan K, Huxley P J, Chiu M Y -L, et al. Social inclusion and health conditions among Chinese immigrants in Hong Kong and the United Kingdom: an exploratory study[J]. 2016, 126(2): 657-672.

[23] Chatterjee, D. K. United Nations Development Program (UNDP): Springer Netherlands.2011.

[24] Cheung N W. Rural-to-urban migrant adolescents in Guangzhou, China: psychological health, victimization, and local and trans-local ties[J]. Social Science & Medicine(1982), 2013, 93(5): 121-129.

[25] Cheung N W. Social stress, locality of social ties and mental well-being: the case of rural migrant adolescents in urban China[J]. Health & Place, 2014, 27(3): 142-154.

[26] Cohen S, Wills T A. Stress, social support, and the buffering hypothesis [J]. Psychological bulletin, 1985, 98(2): 310-357.

[27] Cooley C H. Human Nature and Social Order[M]. 1902.

[28] Corrigan P W, Edwards A B, Green A, et al. Prejudice, social distance, and familiarity with mental illness[J]. Schizophrenia Bulletin, 2001, 27(2): 219-225.

[29] Costigan C L. A person-centred approach to identifying acculturation groups among Chinese Canadians AU-Chia, Ai-Lan[J]. International Journal of Psychology, 2006, 41(5): 397-412.

[30] Dalgard O S, Thapa S B. Immigration, social integration and mental health in Norway, with focus on gender differences[J]. Clinical Practice and Epidemiology in Mental Health, 2007, 3(1): 24.

[31] Dressler W W. Health in the African American Community: accounting for health inequalities[J]. Medical Anthropology Quarterly, 1993, 7(4): 325-345.

[32] Durkheim E, Spaulding J A, Simpson G. Suicide: a study in sociology

[J]. Free Press, 1966.

[33] Eide A H, Røysamb E. The relationship between level of disability, psychological problems, social activity, and social networks [J]. Rehabilitation Psychology, 2002, 47(2): 165-183.

[34] Entzinger H H, Renske L B. Benchmarking in immigrant integration [M]. Erasmus University Rotterdam, 2003.

[35] Fassaert T, Hesselink A E, Verhoeff A P. Acculturation and use of health care services by Turkish and Moroccan migrants: a cross-sectional population-based study[J]. Bmc Public Health, 2009, 9(1): 1-9.

[36] Fone D, Dunstan F, Lloyd K, et al. Does social cohesion modify the association between area income deprivation and mental health? [J]. A multilevel analysis. International Journal of Epidemiology, 2007, 36(2): 338-345.

[37] Freudenberg N. Time for a national agenda to improve the health of urban populations[J]. American Journal of Public Health, 2000, 90(90): 837-840.

[38] Gaertner S L, Dovidio J F. Reducing intergroup bias: the common ingroup identity model[M]. Psychology Press, 2000.

[39] Galea S, Ahern J, Rudenstine S, et al. Urban built environment and depression: a multilevel analysis [J]. Journal of Epidemiology & Community Health, 2005, 59(10): 822-827.

[40] Gallo F. The effects of social support networks on the health of the elderly[J]. Social Work in Health Care, 1982, 8(2): 65-74.

[41] Gargiulo M, Benassi M. Trapped in your own net? Network cohesion, structural holes, and the adaptation of social capital[J]. Organization Science, 2000, 11(2): 183-196.

[42] Geronimus A. To mitigate, resist, or undo: addressing structural influences on the health of urban populations (see comments) [J]. American Journal of Public Health, 2000, 90(6): 867-872.

[43] Gil A G, Wagner E F, Vega W A. Acculturation, familism, and alcohol

use among Latino adolescent males: Longitudinal relations[J]. Journal of Community Psychology, 2000, 28(4): 443-458.

[44] Goldlust J, Richmond A H. A multivariate model of immigrant adaptation[J]. The International Migration Review, 1974, 8(2): 193-225.

[45] Gordon M M. Assimilation in American life: the role of race, religion, and national origins[M]. Oxford University Press on Demand, 1964.

[46] Green G P, Tigges L M, Diaz D. Racial and ethnic differences in job-search strategies in Atlanta, Boston, and Los Angeles[J]. Social Science Quarterly, 1999, 80(2): 263-278.

[47] Guarnaccia P J, Martinez I, Acosta H. Chapter 2. Mental health in the hispanic immigrant community: an overview[J]. Journal of Immigrant & Refugee Services, 2005, 3(1-2): 21-46.

[48] Gui Y, Berry J W, Zheng Y. Migrant worker acculturation in China[J]. International Journal of Intercultural Relations, 2012, 36(4): 598-610.

[49] Hagerty B M, Lynch-Sauer J, Patusky K L, et al. Sense of belonging: A vital mental health concept[J]. Archives of Psychiatric Nursing, 1992, 6(3): 172-177.

[50] Hancock G R. Fortune cookies, measurement error, and experimental design[J]. Journal of Modern Applied Statistical Methods, 2003.

[51] Herrman H, Saxena S, Moodie R, et al. Promoting mental health: concepts, emerging evidence, practice: a report of the World Health Organization, Department of Mental Health and Substance Abuse in collaboration with the Victorian Health Promotion Foundation and the University of Melbourne. 2005.

[52] Hooper D, Coughlan J, Mullen M R. Structural equation modelling: guidelines for determining model fit[J]. Electronic Journal of Business Research Methods, 2008, 6(1): 53-59.

[53] Huang X, Liu Y, Xue D, et al. The effects of social ties on rural-urban migrants' intention to settle in cities in China[J]. Cities, 2018, 83: 203-

212.

[54] Hunt L M, Schneider S, Comer, B. Should "acculturation" be a variable in health research? A critical review of research on US Hispanics[J]. Soc Sci Med, 2004, 59(5): 973-986.

[55] Ibarra H. Personal networks of women and minorities in management: a conceptual framework[J]. Academy of Management Review, 1993, 18(1): 56-87.

[56] Israel B A. Social networks and health status: linking theory, research, and practice[J]. Patient Counselling and Health Education, 1982, 4(2): 65-79.

[57] Jayasuriya L, Sang D, Fielding A. Ethnicity, immigration and mental illness: A critical review of Australian research[J]. Bureau of Immigration Research, 1992.

[58] Jessica Allen R B R B. Social determinants of mental health[J]. International Review of Psychiatry, 2014, 4(26): 392-407.

[59] Jin L, Wen M, Fan J X, et al. Trans-local ties, local ties and psychological well-being among rural-to-urban migrants in Shanghai[J]. Social Science & Medicine, 2012, 75(2): 288-296.

[60] Jr M B. Social Support Research in Community Psychology. 2000.

[61] Junger-Tas J. Ethnic minorities, social integration and crime[J]. European Journal on Criminal Policy and Research, 2001, 9(1): 5-29.

[62] Kamperman A M, Komproe I H, De Jong J T. Migrant mental health: a model for indicators of mental health and health care consumption[J]. Health Psychology, 2007, 26(1): 96.

[63] Kawachi I, Berkman L F. Social ties and mental health[J]. Journal of Urban Health, 2001, 78(3): 458-467.

[64] Kessler R C, Green J G, Gruber M J, et al. Screening for serious mental illness in the general population with the K6 screening scale: results from the WHO World Mental Health (WMH) survey initiative[J]. International Journal of Methods in Psychiatric Research, 2010, 20

(Supplement): 184-189.

[65] Kessler R C, Mickelson K D, Williams D R. The prevalence, distribution, and mental health correlates of perceived discrimination in the United States[J]. Journal of health and social behavior, 1999: 208-230.

[66] Kim U. Psychological acculturation of immigrants. 1988.

[67] Kim Y Y. Becoming intercultural: an integrative theory of communication and cross-cultural adaptation[M]. Sage Publications, 2001.

[68] Krellenberg K, Welz J, Reyes-Päcke S. Urban green areas and their potential for social interaction — a case study of a socio-economically mixed neighbourhood in Santiago de Chile[J]. Habitat international, 2014, 44: 11-21.

[69] Lancee B. The economic returns of immigrants' bonding and bridging social capital: the case of the netherlandst[J]. International Migration Review, 2010, 44(1): 202-226.

[70] Levin K A. Study design III: cross-sectional studies[J]. Evidence-Based Dentistry, 2006, 7(1): 24-25.

[71] Leviton L C, Snell E, McGinnis M. Urban issues in health promotion strategies[J]. American Journal of Public Health, 2000, 90(6): 863-866.

[72] Leyden K M. Social capital and the built environment: the importance of walkable neighborhoods[J]. American Journal of Public Health, 2003, 93(9): 1546-1551.

[73] Li X, Stanton B, Fang X, et al. Social stigma and mental health among rural-to-urban migrants in China: A conceptual framework and future research needs[J]. World Health & Population, 2006, 8(3): 14.

[74] Liebkind K, Jasinskajalahti I. Acculturation and psychological well-being among immigrant adolescents in Finland: a comparative study of adolescents from different cultural backgrounds[J]. Journal of Adolescent Research, 2000, 15(4): 446-469.

[75] Lin N, Ye X, Ensel W M. Social support and depressed mood: a

structural analysis[J]. Journal of Health & Social Behavior, 1999, 40(4): 344-359.

[76] Ling Na D H. Psychological pathways from social integration to health: an examination of different demographic groups in Canada[J]. Social Science & Medicine, 2016(151): 196-205.

[77] Louch H. Personal network integration: transitivity and homophily in strong-tie relations[J]. Social Networks, 2000, 22(1): 45-64.

[78] Lu Y. Household migration, social support, and psychosocial health: the perspective from migrant-sending areas[J]. Social Science & Medicine, 2012, 74(2): 135-142.

[79] Mann M M, Hosman C M H, Schaalma H P, et al. Self-esteem in a broad-spectrum approach for mental health promotion[J]. Health Education Research, 2004, 19(4): 357-372.

[80] Marmot M G. The status syndrome: how social standing affects our health and longevity[J]. New England Journal of Medicine, 2004, 24(2): 559-561.

[81] Marmot M, Allen J, Bell R, et al. WHO European review of social determinants of health and the health divide[J]. Lancet, 2012, 380(9846): 1011-1029.

[82] Marsden P V, Friedkin N E. Network studies of social influence[J]. Sage Focus Editions, 1994, 22(1):127-151.

[83] McKenzie K. Urbanization, social capital and mental health[J]. Global Social Policy, 2008, 8(3): 359-377.

[84] McPherson M, Smith-Lovin L, Cook J M. Birds of a feather: homophily in social networks[J]. Annual Review of Sociology, 2001, 27(1): 415-444.

[85] Mghir R I M, Freed W, Raskin A, et al. Depression and posttraumatic stress disorder among a community sample of adolescent and young adult afghan refugees[J]. 1995, 183.

[86] Mirowsky J, Ross C E. Social causes of psychological distress[M].

Transaction Publishers, 2003.

[87] Moradi B, Hasan N T. Arab American persons' reported experiences of discrimination and mental health: the mediating role of personal control [J]. Journal of Counseling Psychology, 2004, 51(4): 418-428.

[88] Mouw T. Racial differences in the effects of job contacts: conflicting evidence from cross-sectional and longitudinal data[J]. Social Science Research, 2002, 31(4): 511-538.

[89] Mullins L C, Elston C H, Gutkowski S M. Social determinants of loneliness among older Americans[J]. Genet Soc Gen Psychol Monogr, 1996, 122(4): 453-473.

[90] Myers J K, Lindenthal J J, Pepper M P. Life events, social integration and psychiatric symptomatology [J]. Journal of Health & Social Behavior, 1975, 16(4): 421-427.

[91] Nabil N A, Eldayem G E A. Influence of mixed land-use on realizing the social capital[J]. HBRC Journal, 2015, 11(2): 285-298.

[92] Nepal B, Tanton R, Harding A. Measuring housing stress: how much do definitions matter? [J]. Urban Policy & Research, 2010, 28(2): 211-224.

[93] Nguyen L, Peterson C. Depressive symptoms among Vietnamese-American college students[J]. Journal of Social Psychology, 1993, 133 (1): 65-71.

[94] Oppedal B, Røysamb E, Sam D L. The effect of acculturation and social support on change in mental health among young immigrants [J]. International Journal of Behavioral Development, 2004, 28(6): 481-494.

[95] Organization W H. The world health report 2001: mental health: new understanding, new hope[J]. World Health Organization, 2001.

[96] Pan W, Ghoshal G, Krumme C, et al. Urban characteristics attributable to density-driven tie formation[J]. Nature communications, 2013, 4: 1961.

[97] Park R E, Burgess E W. Introduction to the science of sociology[J].

University of Chicago Press, 1929.

[98] Peen J, Dekker J, Schoevers R A, et al. Is the prevalence of psychiatric disorders associated with urbanization? [J]. Social Psychiatry and Psychiatric Epidemiology, 2007, 42(12): 984-989.

[99] Phinney J S, Devich-Navarro M. Variations in bicultural identification among African American and Mexican American Adolescents[J]. Journal of Research on Adolescence, 1997, 7(1): 3-32.

[100] Redfield R, Linton R, Herskovits M J. Memorandum for the study of acculturation[J]. American Anthropologist, 1936, 38(1): 149-152.

[101] Reijneveld S A, Schene A H. Higher prevalence of mental disorders in socioeconomically deprived urban areas in The Netherlands: community or personal disadvantage? [J]. Journal of Epidemiology & Community Health, 1998, 52(1): 2-7.

[102] Rogler L H, Cortes D E, Malgady R G. Acculturation and mental health status among Hispanics: Convergence and new directions for research [C]//In: American Psychological Association. 1991.

[103] Rojas A J, Navas M, Sayans-Jiménez P, et al. Acculturation preference profiles of spaniards and romanian immigrants: the role of prejudice and public and private acculturation areas [J]. The Journal of Social Psychology, 2014, 154(4): 339-351.

[104] Rook K S, Underwood L G. Social support measurement and interventions[J]. Social Support Measurements and Intervention, 2000: 311-334.

[105] Roosa M W, Weaver S R, White R M, et al. Family and neighborhood fit or misfit and the adaptation of Mexican Americans[J]. American Journal of Community Psychology, 2009, 44(1): 15-27.

[106] Rose T, Joe S, Shields J, et al. Social integration and the mental health of black adolescents[J]. Child Development, 2014, 85(3): 1003-1018.

[107] Ryder A, Alden E L, Paulhus D. Is acculturation unidimensional or bidimensionl? [J] A Head-to-Head Comparison in the Prediction of

Personality, Self-Identity, and Adjustment. 2000, 79(1): 49-65.

[108] Salabarríapeña Y, Trout P T, Gill J K, et al. Effects of acculturation and psychosocial factors in Latino adolescents' TB-related behaviors[J]. Ethnicity & Disease, 2001, 11(4): 661.

[109] Schulz A, Northridge M E. Social determinants of health: implications for environmental health promotion[J]. Health Education & Behavior, 2004, 31(4): 455-471.

[110] Seeman T E. Social ties and health: the benefits of social integration[J]. Annals of Epidemiology, 1996, 6(5): 442-451.

[111] Shen B -J, Takeuchi D T. A structural model of acculturation and mental health status among Chinese Americans[J]. American Journal of Community Psychology, 2001, 29(3): 387-418.

[112] Sodowsky G R, Edward W M L. Asian immigrant variables and structural models of cross-cultural distress, 1997.

[113] Stansfeld S. Social support measurement and intervention: a guide for health and social scientists[M]. Sheldon Cohen, Lynn Underwood, Benjamin Gottlieb(eds). New York: Oxford University Press, 2000: 334. International Journal of Epidemiology, 2002, 31(3): 698-698.

[114] Sun X, Chen M, Chan K L. A meta-analysis of the impacts of internal migration on child health outcomes in China[J]. Bmc Public Health, 2016, 16(1): 1-11.

[115] Takeuchi D T, Zane N, Hong S, et al. Immigration-related factors and mental disorders among Asian Americans[J]. American Journal of Public Health, 2007, 97(1): 84-90.

[116] Thoits P A. Mechanisms linking social ties and support to physical and mental health[J]. J Health Soc Behav, 2011, 52(2): 145-161.

[117] Umberson D. Family status and health behaviors: social control as a dimension of social integration[J]. Journal of Health and Social Behavior, 1987: 306-319.

[118] Umberson D, Montez J K. Social relationships and health a flashpoint

for health policy[J]. Journal of Health and Social Behavior, 2010, 51(1 suppl): S54-S66.

[119] Valenciagarcia D, Simoni J M, Alegría M, et al. Social capital, acculturation, mental health, and perceived access to services among Mexican American women [J]. Journal of Consulting & Clinical Psychology, 2012, 80(2): 177-185.

[120] van Kemenade S, Roy J, Bouchard L. Social networks and vulnerable populations: findings from the GSS [J]. Health Policy Research Bulletin, 2006, 12: 16-20.

[121] Vega W A, Kolody B, Valle J R. Migration and mental health: an empirical test of depression risk factors among immigrant Mexican women[J]. International Migration Review, 1987: 512-530.

[122] Vega W A, Kolody B, Aguilar-Gaxiola S, et al. Lifetime prevalence of DSM-III-R psychiatric disorders among urban and rural Mexican Americans in California[J]. Archives of General Psychiatry, 1998, 55(9): 771-778.

[123] Vinokur A D, Van Ryn M. Social support and undermining in close relationships: their independent effects on the mental health of unemployed persons[J]. Journal of Personality and Social Psychology, 1993, 65(2): 350-359.

[124] Vlahov D, Galea S. Urbanization, urbanicity, and health[J]. Journal of Urban Health, 2002, 79(1): S1-S12.

[125] W Abbott, D. Resource exchange theory: a problem-solving tool. 1990. 16.

[126] Yeh C J. Age, acculturation, cultural adjustment, and mental health symptoms of Chinese, Korean, and Japanese immigrant youths[J]. Cultural Diversity and Ethnic Minority Psychology, 2003, 9(1): 34-48.

[127] Yue Z, Li S, Jin X, et al. The role of social networks in the integration of Chinese rural-urban migrants: a migrant-resident tie perspective[J]. Urban Studies, 2013, 50(9): 1704-1723.

[128] Zagefka H, Brown R. The relationship between acculturation strategies, relative fit and intergroup relations: immigrant-majority relations in Germany[J]. European Journal of Social Psychology, 2002, 32(2): 171-188.

[129] Zane N, Mak W. Major approaches to the measurement of acculturation among ethnic minority populations: a content analysis and an alternative empirical strategy[J]. Acculturation Advances in Theory, 2003.

[130] Zuhui Z Y H. Characteristics and trends of the new generation migrants: survey and analysis on 10 villages in Gansu Province[J]. Chinese Journal of Population Science, 2008, 28(2): 211-224.

[131] 白薇,张玉静.流动人口归属感、社会支持对主观幸福感的作用机制研究——以北京市为例[J].科技与管理,2016,18(5):94-100.

[132] 曹子玮.农民工的再建构社会网与网内资源流向[J].社会学研究,2003(3):99-110.

[133] 陈玳玮,于馨.在华留学生跨文化适应对心理健康的影响[J].信息系统工程,2010(6):115-116.

[134] 陈琦,梁万年,孟群.结构方程模型及其应用[J].中国卫生统计,2004,21(2):70-74.

[135] 陈湘满,翟晓叶.流动人口社会融合影响因素实证分析——基于湖南省流动人口动态监测调查数据[J].西北人口,2013(6):106-110.

[136] 陈再芳,张轩,陈潇潇,等.流动人口抑郁与自测健康的关系研究[J].中国健康教育,2006,22(10):747-749.

[137] 程菲,李树茁,悦中山.文化适应对新老农民工心理健康的影响[J].城市问题,2015(6):95-103.

[138] 甘满堂.城市农民工与转型期中国社会的三元结构[J].福州大学学报(哲学社会科学版),2001,15(4):30-35.

[139] 高承海,安洁,万明钢.多民族大学生的民族认同、文化适应与心理健康的关系[J].当代教育与文化,2011,3(5):106-113.

[140] 郭清."健康中国2030"规划纲要的实施路径[J].健康研究,2016,36(6):601-604.

[141] 国家卫生和计划生育委员会流动人口司.中国流动人口发展报告2016[M].北京:中国人口出版社,2016.

[142] 郝晓宁,孙继艳,薄涛.社会融合对流动人口心理健康影响的研究——基于2014年全国流动人口动态监测数据的检验[J].人口与发展,2018,24(139):16-25.

[143] 胡宓.社会联系、社会支持与农村老年人情绪问题相关研究[D].长沙:中南大学,2012.

[144] 胡荣,陈斯诗.影响农民工精神健康的社会因素分析[J].社会,2012,32(6):135-157.

[145] 胡荣华,葛明贵.对408名城市农民工心理健康状况的调查[J].中国卫生事业管理,2008,25(3):196-198.

[146] 蒋善,张璐,王卫红.重庆市农民工心理健康状况调查[J].心理科学,2007,30(1):216-218.

[147] 李景治,熊光清.中国城市中农民工群体的社会排斥问题[J].江苏行政学院学报,2006(6):61-66.

[148] 李梦姣.北京两类户籍流动群体的社会融合差异研究[D].北京:首都经济贸易大学,2016.

[149] 李强,张海辉.中国城市布局与人口高密度社会[J].战略与管理,2004(3):84-92.

[150] 李强.户籍分层与农民工的社会地位[J].中国党政干部论坛,2002(8):16-19.

[151] 李珊,于戈.移居老年人的社会关系与心理健康问题研究[J].现代预防医学,2012,39(13):3273-3275.

[152] 李远贵,张茹英.第二讲横断面研究的设计[J].护理研究,2003,17(3):179-181.

[153] 李振刚.社会融合视角下的新生代农民工居留意愿研究[J].社会发展研究,2014(3):100-117.

[154] 梁波,王海英.国外移民社会融入研究综述[J].甘肃行政学院学报,2010(2):18-27.

[155] 刘佳燕.论"社会性"之重返空间规划[C]//中国城市规划年会论文集.广

州:2006.

[156] 刘颂.老年社会参与对心理健康影响探析[J].人口与社会,2007,23(4):38-40.

[157] 刘衍华.春节返乡农民工心理健康调查[J].现代预防医学,2006,33(10):1926-1927.

[158] 刘义,刘于琪,刘晔,等.邻里环境对流动人口主观幸福感的影响——基于广州的实证[J].地理科学进展,2018,37(7):986-998.

[159] 罗平.藏族大学生的社会文化适应与心理健康[J].中国心理卫生杂志,2011,4(25):312-313.

[160] 吕丹,叶萌,杨琼.新型城镇化质量评价指标体系综述与重构[J].财经问题研究,2014(9):72-78.

[161] 牛建林.人口流动对中国城乡居民健康差异的影响[J].中国社会科学,2013(2):46-63.

[162] 牛喜霞.社会资本在农民工流动中的负面作用探析[J].求实,2007(8):51-54.

[163] 普蕾米拉·韦伯斯特,尼丝·桑德森,徐望悦,等.健康城市指标——衡量健康的适当工具?[J].国际城市规划,2016,31(4):27-31.

[164] 邱培媛,杨洋,吴芳,等.国内外流动人口心理健康研究进展及启示(综述)[J].中国心理卫生杂志,2010,24(1):64-68.

[165] 任远,乔楠.城市流动人口社会融合的过程、测量及影响因素[J].人口研究,2010,34(2):11-20.

[166] 任远,邬民乐.城市流动人口的社会融合:文献述评[J].人口研究,2006,30(3):87-94.

[167] 孙崇勇.东北地区农民工心理健康状况的调查与分析[J].四川精神卫生,2007,20(1):17-19.

[168] 王春光.新生代农村流动人口的社会认同与城乡融合的关系[J].社会学研究,2001(3):636-76.

[169] 王春枝.多元方差分析及其在SPSS软件中的实现[J].现代计算机(专业版),2013(9):59-62.

[170] 王桂新,王利民.城市外来人口社会融合研究综述[J].上海行政学院学报,

2008，9(6)：99-104.

[171] 王桂新,苏晓馨,文鸣.城市外来人口居住条件对其健康影响之考察——以上海为例[J].人口研究,2011,35(2)：60-72.

[172] 王培安.推进新型城镇化和流动人口社会融合[J].社会治理,2015(4)：15-18.

[173] 王培刚,陈心广.社会资本、社会融合与健康获得——以城市流动人口为例[J].华中科技大学学报(社会科学版),2015(3)：81-88.

[174] 王亚鹏,李慧.少数民族的文化适应及其研究[J].集美大学学报,2004,5(1)：59-64.

[175] 王毅杰,童星.流动农民社会支持网探析[J].社会学研究,2004(2)：42-48.

[176] 王玉君.农民工城市定居意愿研究——基于十二个城市问卷调查的实证分析[J].人口研究,2013,37(4)：19-32.

[177] 邬民乐.城市户籍制度改革与流动人口社会融合[J].理论界,2009(3)：202-203.

[178] 吴廷烨,刘云刚,王丰龙.城乡结合部流动人口聚居区的空间生产——以广州市瑞宝村为例[J].人文地理,2013,6：86-91.

[179] 谢建社,罗光容.流动人口城市融合意愿统计分析[J].广州大学学报(社会科学版),2015,14(1)：58-64.

[180] 熊青.流动人口社会歧视现状及其与心理健康的关系[D].北京：北京师范大学,2006.

[181] 闫凤武.齐齐哈尔市新生代农民工心理健康状况调查[J].中国健康心理学杂志,2011,8(19)：937-939.

[182] 颜咏华,郭志仪.多维视角下甘肃省城市流动人口社会融合研究[J].人口与发展,2015,21(4)：60-66.

[183] 杨聪敏.新生代农民工的"六个融合"与市民化发展[J].浙江社会科学,2014(2)：71-77.

[184] 杨菊华,张娇娇,吴敏.此心安处是吾乡——流动人口身份认同的区域差异研究[J].人口与经济,2016(4)：21-33.

[185] 杨菊华.流动人口在流入地社会融入的指标体系——基于社会融入理论的进一步研究[J].人口与经济,2010(2)：64-70.

[186] 叶裕民,黄壬侠.中国流动人口特征与城市化政策研究[J].中国人民大学学报,2004,18(2):75-81.

[187] 于华珍.高校留学生跨文化适应及心理健康研究现状及思考[J].南方论刊,2017(10):31-33.

[188] 余伟.中山市青年农民工的生活状况、文化适应及心理健康的调查研究[D].北京:中国科学院心理研究所,2006.

[189] 余运江,高向东,郭庆.新生代乡-城流动人口社会融合研究——基于上海的调查分析[J].人口与经济,2012(1):57-64.

[190] 俞林伟,朱宇.居住隔离对流动人口健康的影响——基于2014年流动人口动态监测数据的分析[J].山东社会科学,2018(6):122-130.

[191] 虞蔚.城市社会空间的研究与规划[J].城市规划,1986,6:25-28.

[192] 悦中山.农民工的社会融合研究:现状、影响因素与后果[D].西安:西安交通大学,2011.

[193] 张鸿雁,谢静.城市进化论:中国城市化进程中的社会问题与治理创新[M].南京:东南大学出版社,2011.

[194] 张建萍,刘希玉.基于聚类分析的K-means算法研究及应用[J].计算机应用研究,2007,24(5):166-168.

[195] 张力为.哪些研究问题需要用分层线性模型回答[J].天津体育学院学报,2002,17(2):36-39.

[196] 张庆五.关于人口迁移与流动人口概念问题[J].人口研究,1988(3):17-18.

[197] 张庭伟.规划理论作为一种制度创新——论规划理论的多向性和理论发展轨迹的非线性[J].城市规划,2006(8):9-18.

[198] 张文宏,雷开春.城市新移民社会融合的结构、现状与影响因素分析[J].社会学研究,2008(5):117-141.

[199] 张引,杨庆媛,李闯,等.重庆市新型城镇化发展质量评价与比较分析[J].经济地理,2015,35(7):79-86.

[200] 章芳,李祚山,卢淋淋,等.重庆市农民工心理健康状况的调查研究[J].中国卫生事业管理,2011,28(11):864-867.

[201] 赵铭锡.内地西藏班学生文化适应对心理健康的影响[J].中国学校卫生,

2012,33(2):207-209.

[202] 赵英淑,杨磊.流动儿童社会支持与心理健康:学校归属感的中介作用[J].青岛职业技术学院学报,2011,24(6):56-59.

[203] 赵园媛.从城乡文化差异看农民工的城市适应问题——由《乡土中国生育制度》所想到的[J].世纪桥,2009(15):147-148.

[204] 钟家宝,高静,谢钢.留学生文化适应与心理健康相关性分析[J].中国学校卫生,2013,34(12):1519-1521.

[205] 周皓.流动人口社会融合的测量及理论思考[J].人口研究,2012,36(3):27-37.

[206] 朱海琳,白薇,陈建成,等.流动人口城市归属感与主观幸福感的关系研究——基于北京市流动人口的调查数据[J].河北科技大学学报(社会科学版),2015,15(1):33-38,57.

[207] 朱慧劼,风笑天."健康中国"背景下的健康不平等[J].学习与实践,2018(4):91-98.

[208] 朱力.论农民工阶层的城市适应[J].江海学刊,2002(6):82-88.